的外族，虎視眈眈，內有邪惡的豺狼，噬盡文明。中國能不能繼續生存下去呢？

　　近些年來，感覺到置身一個大憂患的時代，而寫成〈憂患的世紀〉一文；看到血淋淋的北京大屠殺事件發生，而寫成〈從宋襄公談起〉（見民國七十八年六月二十六日《中央日報》副刊）、〈可以看到聽到的歷史〉（見《政治大學歷史學報》第八期，民國八十年元月）、〈一部柔美的歷史〉（見《政治大學學報》第六十一期，民國七十九年六月）諸文；在中國歷史學會大會上，面對當代史學界碩彥，我提出了史學自憂患而生的初步見解（寫成的〈憂患與史學〉一文，發表於《國史館館刊》復刊第十一期，民國八十年十二月）；在中華民國史料研究中心學術討論會議席上，我就〈史學往那裏走〉一問題，表明了個人的看法（文載《近代中國雙月刊》，民國七十八年四月）；〈中國史官的及時記事與修史〉一文，則是有感於史官的廢除而憤然執筆的；〈尚書與史學〉（見《政治大學歷史學報》第九期，民國八十一年一月）、〈萬斯同之史學〉（第二屆國際華學會議發表的論文，民國八十年十二月）、〈民國史學與西方史學〉（見《孫中山先生與近代中國學術研討會論文集》，民國七十五年三月）、〈比較史學的困境〉（見《第三屆史學史國際研討會論文集》，民國八十年二月）、〈歷史專題的研究與撰寫〉（見《國史館館刊》復刊第九期，民國七十九年十二月）、〈史學方法論的教與寫〉（歷史學系課程教學研討會上宣讀之文，民國八十一年六月二十三日）諸文，則是談史學與史學方法的；〈清乾嘉時代流行於知識份子間的隱退思想〉（見《政治大學歷史學報》第七期，民國七十九年一月）、〈頌清與刺清 —— 趙甌北的徬徨〉（見《國史釋論》，民國七十七年四月）、〈關於趙翼傳的新資料〉（見《故宮學術季刊》第七卷第四期，民國七十九年夏季）、

〈評廿二史劄記校證〉（見《東方文化》第二十八卷，一九九〇年第二期）諸文，是談趙翼及其時代的。多關於史學，而又與憂患相連，彙而集之，名之曰憂患與史學，惟幸博雅君子教正。

　　三民書局董事長劉振強先生慨允出此書，並告以其雙手創建的三民書局，明年即屆滿四十年。此書預逢其盛，美事極矣。當初，振強先生在衡陽路46號六十坪大小的店面中，由只佔後面三分之一約二十坪店面的小書店起家，歷盡風雨，四十年慘澹經營，卓然成為出版界中流砥柱，功在學術文化。創業自憂患始，又誰曰不然？

　　爰為序。

　　　　　　　　　　　民國八十一年十二月杜維運於看山樓。

憂患與史學　目次

第 一 篇

第一章 憂患的世紀

(一)

憂患是與歷史俱來的，歷史掀起處，憂患卽叢生。戰勝憂患的時代，是史學家所歌頌的昇平盛世。昇平盛世不常見，其持續約在百年上下。如唐自太宗貞觀初年，中經高宗、武后、中宗、睿宗，直至玄宗天寶末年，共一百二十九年（貞觀元年至天寶十四年，西元六二七年至七五五年），是唐帝國的昇平盛世，此下卽進入憂患，盛世不復見。再如清康熙、雍正、乾隆三朝，共一百三十四年（西元一六六二年至一七九五年），是清帝國的昇平盛世，此下嘉慶、道光、咸豐、同治、光緒諸朝，憂患重重，終至傾覆。以人爲中心的歷史，憂患不絕，是不能隱瞞的事實。因憂患而警覺，而策勵，歷史的生機，自此展現。

中國歷史上有幾個具有代表性的憂患的世紀。歷時五百年的春秋戰國時代，是一個憂患的世紀。周室衰微，諸侯兼併，五霸七雄，爭戰不已，加上南夷與北狄交侵❶，邪說暴行並作❷，當時的中國，不絕若線，而救時的九流十家之說，適時蠭出競作，學術思想放出萬丈異彩，人類的理想於是出現。自永嘉之亂（晉懷帝永嘉五年，西元三一一年）迄於隋滅陳（隋文帝開皇九年，西元五八九年），統一中國，中國陷於分崩離析狀態者二百七十九年，在此期間，五胡入侵，中原

板蕩，錦繡河山，爲之變色，這是一個憂患的世紀，人人盡知。然而匈奴、鮮卑、羯、氐、羌等五胡與中國民族在不知不覺間融合，中國文化潛移默化了這些外族，以致因民族融合的成功而有隋唐統一盛世的來臨。安史之亂爆發，唐的盛世過去，接下來的是藩鎮割據，流寇竄亂，五代十國，紛爭不已（唐玄宗天寶十四年至後周顯德六年，西元七五五年至九五九年），歷代憂患，以此爲極。在此期間，河北「數千里之區，士民無清醒之氣，凡背君父，戴夷盜，結官闈，事奄宦，爭權利，誇武虓者，皆其相尚以雄，恬不知恥之習也❸。」其致此由於河北藩鎮的首領，出身行伍小卒，本無教育，亦無學術文化野心，祇知割據自雄，在其領域內，實行武裝統治，如田承疇在魏博，凡域內戶口壯者皆籍爲兵，惟使老弱耕稼，數年間有衆十萬，又選其驍健者萬人自衞，謂之牙兵。其他河北諸鎮皆如此。爲河北藩鎮統治的大河北岸，學術文化，於是急遽倒退，北方的中國，自此在中國歷史上，退居次要的地位。北方如此，南方亦糜爛不堪。王仙芝、黃巢流竄所及，燒殺擄掠，毒流萬姓，瘡痍數千里❹；秦宗權寇掠焚殺，北至滑衞，西及關輔，東盡青齊，南屆江淮，極目千里，無復煙火❺；孫儒攻陷東都，環城寂無雞犬❻；楊行密攻秦彥畢師鐸於揚州，人以堇泥爲餅充食，掠人殺其肉而賣之，流血滿市❼；孫儒引兵去揚州，悉焚廬舍，驅丁壯及婦女渡江，殺老弱以充食❽；朱溫攻時溥，徐泗濠三州之民，不得耕穫，死者十六七❾。傷心慘目如此，此時中國歷史文化瀕臨滅絕的邊緣。不是宋太祖有遠見，崇文抑武，息百年的凶危（歐陽修於《新五代史》卷六十一「吳世家」云：「自唐失其政，天下乘時，黥髡盜販，衮冕峨巍。……百年之間，並起爭雄。」自唐僖宗乾符元年（西元八七五年）算起，訖於五代末，爲時接近百年，是中國歷史上的大混亂時期），登斯民於袵席，中國的浩刼，眞不知

伊於胡底了！

　　歷史上的昇平盛世，持續僅百年，憂患的世紀，則往往歷時數百年，「憂患與歷史俱來」，一部歷史，像是一部憂患史。自然憂患的程度不同，其影響於歷史者亦異。如春秋戰國時代戰爭頻仍，生民荼毒，然以戰爭進行的地區有限，平靜的地區，學術文化以受憂患的刺激而迅速發展。永嘉之亂以後，宇內鼎沸，西北諸涼一帶，兵禍較淺，儒生紛紛前往，繼續講學不輟，於是有所謂河西儒學，隋的統一天下，賴此純正的學術。兩宋是憂患的世紀，契丹、西夏、女眞、蒙古諸外族，先後崛起，宋的安危，決於旦夕，然北宋自澶淵之盟以後，與遼相安於無事者，一百二十年之久，宋利用此悠長和平期間，積極發展學術文化，宋的理學、史學、文學、藝術，於是得以大放異彩。南宋偏安江左，學術文化仍賡續發展。迨蒙古的鐵騎，蹂躪大江南北，宋的學術文化，遂趨衰歇。所以憂患的世紀，像唐末迄於五代的一兩百年，流寇竄擾，藩鎮割據（五代十國實際上是藩鎮的延續），宇內沒有一片靖土，學術文化有瀕於滅絕的可能，人類的危機，莫大於此時。

（二）

　　自清光緒二十六年（西元一九〇〇年）以來，訖於今日，中國進入有史以來的大憂患的世紀。晚清數十年，內有太平軍的興起，外有英、法、日、俄等強大外族的環伺，一敗於英，再敗於英法，三敗於日本，此時中國的憂患已深。但是光緒二十六年的拳亂爆發，卻爲國人帶來最大的恥辱，以致八國聯軍攻入北京了，屹立東方數千年的大帝國，頃刻間變成不設防的城市了，西學隨着大量湧入中國來了，中

國於是進入大憂患的世紀了。清廷傾覆，民國成立，內憂外患，如飄風驟至，日本的入侵，共產黨的竊據大陸，尤為中國帶來最大的災難。所以從二十世紀初到二十世紀即將結束的今日，是中國的大憂患的世紀，中國的前途，正面臨最嚴重的考驗。

此處提出大憂患，不是危言聳聽的：

中國以前所遭遇的外族，強如匈奴、突厥、女真、蒙古，都是文化不高的民族，以致領土雖有淪喪，文化則獲勝利，多一次外患，多一次收穫。近百年出現的外族，武力強大以外，都有很高的文化，彼等可以不發一將一兵，而已決勝於萬里之外。中國文化能否在外來文化衝激下而歷久常新呢？中國能否在萬國林立中而屹立不搖呢？處今之世，憂慮之大，莫過於此。

外來文化中，以西方文化為首。中西文化異同優劣之論，中學西學本末體用之說，於是甚囂塵上。晚清「中學為體，西學為用」之說，風靡一時，有識之士，多景服之❿。到民國時代而被揚棄，西化派佔到優勢，馴致而全盤西化之論出。「西洋文化無論在思想上、藝術上、科學上、政治上、教育上、宗教上、哲學上、文學上，都比中國的好」⓫。「我們若平心靜氣地計量比較中西文化之異同，我們不免發見西洋文化均比我們好，而中國文化通通不好」⓬。「要是人們還以為中國文化有好的東西是要保存的，請指出來」⓭。這類武斷到毫無常識的論調，叢出不窮。連治學以謹嚴著稱的胡適先生，在此狂飆時期，也禁不住說：「少年的朋友們，現在有一些妄人要煽動你們的誇大狂，天天要你們相信中國的舊文化比任何國高，中國的舊道德比任何國好。還有一些不曾出國門的愚人鼓起喉嚨對你們喊道，『往東走，往東走，西方的這一套把戲是行不通的了』」⓮；「我們必須承認我們自己百事不如人，不但物質機械上不如人，不但政治制度不

如人，並且道德不如人，知識不如人，文學不如人，音樂不如人，藝術不如人，身體不如人」⓯。「我們要認清那個容忍擁戴『小腳、八股，太監，姨太太，駢文，律詩，五世同居的大家庭，貞節牌坊，地獄的監牢，夾棍板子的法庭』到幾千幾百年之久的固有文化，是不足迷戀的，是不能引我們向上的」⓰。「我們的光榮的文化，不在過去，是在將來，是在那掃清了祖宗的罪孽之後重新改造出來的文化」⓱。一位治學最重證據，受盡近代擁戴的學術大師，談笑間將中國數千年的固有文化否定（胡先生在民國四十九年講述「中國傳統與將來」時，則充分承認了中國傳統文化的優點，參見《大陸雜誌》二十八卷六期胡先生講徐高阮譯〈中國傳統與將來〉，原文係英文，於民國四十九年七月十一日在西雅圖「中美學術合作會議」〔Sino-American Conference on International Cooperation〕開幕時發表），這就無怪否定中國文化之論，到今日而仍不絕如縷了！大凡今日學人談中西文化問題，仍然具有濃厚的主觀情緒，不是擁傳統，就是傾西化，其持「會通中西，權衡新舊」⓲態度者，難見其人。其實居今日而談中西文化問題，不應再有民族的情緒與中西文化孰優孰劣的觀念。中國文化有其優點，西方文化也有其長處，是一項常識。視兩者無分軒輊，而予以會通，取其長而棄其短，中國的新文化自此誕生，泱泱大國民的風度，自此表現。簇新的西方文化，豈能漠然視之，不予以吸收？豐富的固有文化，豈能盡棄之若敝屣，不予以發揚？有人認爲傳統沒有用了，過去已經死亡了，爲求新就不能要舊，不知新是從舊中來的，不有舊何處有新？不有舊史學何處有新史學？不有舊文學何處有新文學？而務新者多不知此常理，毀滅中國數千年文化遺產者，可能就是這批新人物。所以今日不憂沒有慕西化者，惟憂缺少認眞傳遞與發揚中國文化者。中國文化在受嚴重考驗中，這是前所未有的，中

國的存亡，亦繫於此。如此以言，我們是處於一個大憂患的世紀了。

共產黨出現在中國歷史舞臺上，尤其是中國大憂患的肇端。其竊據大陸四十餘年，民窮財竭，人人共見。其尤甚者，爲盡舉中國學術文化而摧毀之，盡舉同胞而蹂躪之、奴役之，終至於人心風俗大壞，開中國數千年未有的大變局。國人勤勞、知足、和平、誠實、仁愛、寬恕等美德，在大陸差不多已不見影踪了。清算鬥爭之習，猜忌貪婪之性，日久而深錮於人心，中國之大憂，隱伏於此，是眞堪「痛哭、流涕」❶❾者。昔顧炎武論人心風俗云：「正人心急於抑洪水」❷⓿。「小雅廢而中國微，風俗衰而叛亂作」❷❶。「法制禁令，王者之所不廢，而非所爲治也，其本在正人心，厚風俗而已」❷❷。王夫之亦云：「天下者待一人以安危，而一人又待天下以興廢者也。唯至於天下之風俗，波流簧鼓，而不可遏，國家之勢，乃如大隄之決，不終且潰以無餘」❷❸。「戰國之爭，逮乎秦項，凡數百年，至漢初而始定。三國之爭，逮乎隋末，凡數百年，至唐初而始定。安史之亂，延乎五代，凡百餘年，至太平興國至始定。靖康之禍，延乎蒙古，凡二百餘年，至洪武而始定。其間非無暫息之日，若可以定者。然而支蔓不絕，旋踵復興，非但上有暴君，國有姦雄，抑亦人心風俗，一動而不可猝靜，虔矯習成，殺機易發，上欲撲之而不可撲也」❷❹。風俗衰而叛亂作，風俗動而國家的大隄潰，人心風俗一動而不可猝靜，則天下之亂，不可且夕敉平，人心風俗關係於治亂如此。然則値今日大陸人心風俗大壞之時，中國的大亂，隨時可能如火山的爆發，颶風的猝至，誰說我們不是處於一個大憂患的世紀呢？！

（三）

　　以整個世界來講，　二十世紀的今日，　是有史以來的大憂患的世紀。前此的十九世紀，　支配世界的西方文明，　被認爲已發展至最高峰，自由民主爲政治帶來最高的理想，工業發展促使人類生活極度舒適。生於其時的人，充滿自信，無限樂觀。可是進入二十世紀，頃刻間而情況改觀了；兩次慘絕人寰的世界大戰，生靈爲之塗炭；歷史是否進步與延續，引起懷疑；工業文明呈現了危機；人類的價值判斷，陷於混淆；核戰可能發生於刹那之間；整個人類可能在不知不覺中化爲灰燼。這是世界人類的大憂患的世紀，世界歷史走到了存亡絕續的關頭。

　　生值二十世紀，科學文明帶給人類生活的舒適與奇趣，遠非任何其他世紀所能比擬。乘坐飛機，一周內可以翺翔世界一周，是極富詩情畫意的；珍品奇器，琳琅滿目，美不勝收；太空傳眞，萬里之遙，瞬息可至；月球已不神秘，奔月不讓嫦娥專美於前；宇宙已經擴大，「乘雲氣，　騎日月，　而遊乎四海之外」●，已非純爲莊周的想像。何幸生於如此舒適而富奇趣的時代！而大災難隨時可至，又何不幸生於此一大憂患的世紀！

　　舉世的大憂患，是怎樣醞釀成的呢？

　　我們這個世紀，精神文明的發展，太趕不上物質文明的發展了。舉世重科技，重經濟，　視哲學、歷史、文學等人文學如無物。幾人能「爲天地立心，爲生民立命」？　幾人能深曉所負繼往開來的歷史使命？滔滔者天下盈滿重利忘義之人，維繫人心風俗的優美道德，淪於微不足道。如此下去，人類的危機，怎能不出現呢？所以當科學武器精密發展之時，世界經濟極度繁榮之日，人類的危機，愈迫在眉睫！

　　歷史自憂患處獲得生機，大憂患可能是歷史的大轉捩點。二十世紀的今日，救世的大思想家，應是呼之欲出的時刻。大思想家以簡約

優美的文字，寫成類似《論語》、《聖經》的著述，以正人心，厚風俗，同時將其思想融入政治、歷史、文學之中，則政治有理想，歷史有靈魂，文學有生命，凡物質文明的發展，皆匍伏於其下，那麼世界空前未有的大治，又怎麼沒有出現的可能呢？

註　釋

❶　《公羊傳》云：「南夷與北狄交，中國不絕若線。」見「僖公四年」。

❷　《孟子・滕文公下》：「世衰道微，邪說暴行有作，臣弒其君者有之，子弒其父者有之。」

❸　王夫之《讀通鑑論》卷二六。

❹　見《通鑑》卷二五二～二五三。

❺　見同上，卷二五六，「唐僖宗中和四年」。

❻　見同上，同卷，「唐僖宗光啓元年」。

❼　見同上，卷二五七，「唐僖宗光啓三年」。

❽　見同上，卷二五八，「唐昭宗大順二年」。

❾　見同上，卷二五九，「唐昭宗景福元年」。以上數事（❺以下）並見王夫之《讀通鑑論》卷二七。

❿　張之洞於晚清提倡「中學爲體，西學爲用」之說最力，一時其說盛行。

⓫　陳序經＜中國文化之出路＞，見呂學海編《全盤西化言論集》，嶺南大學青年會出版，民國二十三年。

⓬　呂學海＜評中西文化討論的折衷派＞，見同上。

⓭　同上。

⓮　《胡適論學近著》，第一集，卷五，＜介紹我自己的思想＞。

⓯　同上。

⓰　同上，第一集，卷四，＜再論信心與反省＞。

⓱　同上。

⑱　張之洞《抱冰弟子記》，頁一四。

⑲　賈誼＜治安策＞云：「竊惟事勢，可爲痛哭者一，可爲流涕者二，可爲長太息者六。」見《漢書・賈誼傳》。

⑳　《日知錄》卷十二「河渠」條。

㉑　同上，卷十三「清議」條。

㉒　同上，卷八「法制」條。

㉓　《讀通鑑論》卷五。

㉔　同上，卷十一。

㉕　《莊子》＜齊物論＞。

第二章 憂患與史學

(一)

人類所以作歷史記錄，文化與民族性的因素以外，與所處的社會環境，最有分不開的關係。當天災發生時，當人禍來臨時，當人類文明瀕臨滅絕的邊緣時，有識之士，奮起執筆，而歷史記錄，琳琅展陳。

天災頻仍，人類的生存，面臨威脅。「百川沸騰，山冢卒崩，高岸為谷，深谷為陵。哀今之人，胡憯莫懲❶！」知識初開的上古時代，對於發生的天災，懷著極大的恐懼，競作記錄，所以示警戒。孔子作《春秋》，於二百四十二年之中，凡記日食三十六、地震五、山陵崩阤二、火災十四，他若慧星三見，夜常星不見，夜中星隕如雨，五石隕墜，六鷁退飛，多麋，有蜮、蜚，鸜鵒來巢，晝冥晦，雨木冰，李梅多實，七月霜降，草木不死，八月殺菽，大雨雹，雨雪霝，以及水、旱、饑、蝝、螽、螟之災❷，皆不憚其煩的記錄。與其所記弒君三十六、亡國五十二❸的禍亂相比較，其警戒的深意，灼然可見。

人禍來臨，人類趨於滅亡。仇視、壓迫、侵凌，皆是人禍，而戰爭尤為人禍之首。「師之所處，荊棘生焉。大兵之後，必有凶年❹。」古代的戰爭，已如此慘烈。所以歷史的前身 —— 史詩，主要是寫戰爭；西方歷史的發源地希臘，其歷史作品，絕大部分係以戰爭為名，

如希羅多德 (Herodotus, C. 484-C. 425 B. C.) 的《波斯戰史》
(*History of the Persian Wars*)、修昔底德 (Thucydides, C.
460/455-? C. 399/8 B.C.) 的《伯羅邦內辛戰史》(*History of the
Peloponnesian War*)、錫諾芬 (Xenophon, C. 430-?350 B. C.)
的《內陸挺進》(*March into the Interior*)、凱撒 (Julius Caesar,
100-44 B. C.) 的 《高盧戰記》(*Commentaries on the Gallic
War*)、薩拉斯特 (Sallust, 86-C. 34 B. C.) 的《裘哥他戰爭》
(*The Jugurthine War*)，都是以戰爭名其歷史著作； 不以戰爭為
名的，也多寫戰爭❺。因戰爭而歷史記錄出現，這是很真切的例子。

　　人類文明瀕臨滅絕的邊緣，歷史記錄，往往競出其間。以衰唐至
五代的兩百年為例，中國在這一段時間，接近與禽獸為伍。為河北藩
鎮統治的大河南北地區，學術文化急劇倒退，所謂「凡數百年，而數
千里之區， 士民無清醒之氣」❻，不是誇張的形容， 以致「凡背君
父，戴夷盜，結宮闈，事奄宦，爭權利，誇武虣者，皆其相尚以雄，
恬不知恥之習」❼。大河南北地區如此，其他地區也相去不遠。到五
代時，於是就變成一個鮮廉寡恥的時代了。馮道歷事五朝、八姓、十
三君，若逆旅之視過客，朝為仇敵，暮為君臣，易面變辭，曾無愧怍
❽，而人人羨之，比之於孔子，呼之曰長樂老，時人廉恥觀念淡薄如
此，所以歐陽修的《新五代史》與司馬光的《資治通鑑》要問世了。
歐陽修慨歎五代是一個「君君臣臣父父子子之道乖，而宗廟、朝廷、
人鬼皆失其序」的「亂世」❾，尤其是一個「禮樂崩壞，三綱五常之
道絕，而先王之制度文章掃地而盡於是」的「干戈賊亂之世」❿，所
以他上法《春秋》，撰寫《新五代史》，現出這一個時代的原形，由
「髡黥盜販」而至「充晃峨巍」⓫的帝王，皆無所遁形；歷事數朝，
反覆無常的人臣，悉數列入他所新創的「雜傳」，以見忠義之節的掃地

以盡；於「馮道傳」則評論云：

> 「禮義，治人之大法；廉恥，立人之大節。蓋不廉，則無
> 所不取；不恥，則無所不為。人而如此，則禍亂敗亡，亦
> 無所不至，況為大臣而無所不取不為，則天下其有不亂，
> 國家其有不亡者乎！予讀馮道長樂老敍，見其自述以為
> 榮，其可謂無廉恥者矣，則天下國家可從而知也。」

由此可見歐陽修所以寫《新五代史》的原因了。

司馬光與歐陽修一樣，也是上法《春秋》以寫《通鑑》，專取
「關國家盛衰，繫生民休戚，善可為法，惡可為戒」❷的史事，於馮
道死之年，全部鈔下《新五代史》裏面的批評文章，並在「臣光曰」
中繼續批評說：「道尊寵則冠三師，權任則首諸相，國存則依違拱
嘿，竊位素餐，國亡則圖全苟免，迎謁勸進。君則興亡接踵，道則富
貴自如，茲乃奸臣之尤也❸。」於是一代大是非定案，而司馬光所以
寫《通鑑》，也昭然若揭了。

（二）

天災發生時，人禍來臨時，人類文明瀕臨滅絕的邊緣時，都是人
類處於憂患之時；歷史記錄於憂患之時，叢出並作，則透露史學與憂
患的相因相依。大凡史學隨憂患而來，憂患時代，是史學的黃金時
代。孔子所處的時代，是一個憂患的時代，封建制度的重心周天子失
去威權，諸侯紛爭，霸主取代了周天子的地位，一個統一的上下有序
的局面改變了。諸侯之間經常有戰爭，弒君弒父的事件時有所聞。「乾
綱絕紐，禮壞樂崩，彝倫攸斁，弒逆篡盜者國有，淫縱破義者比肩」

❹，是其時的眞切描述。加上南夷與北狄交侵，中國不絕若線，這眞是一個憂患重重的時代。所以孔子要寫《春秋》這部書，他的目的，一是要維持一個統一的局面，二是要維持中國的命運，三是要維持人類的文明，於是大一統之義，放到裏面去了，內諸夏而外夷狄，以及懲惡而勸善的筆法，發揮於其中了。

「《春秋》之稱，微而顯，志而晦，婉而成章，盡而不汙，懲惡而勸善。」❺

「《春秋》之稱，微而顯，婉而辯，上之人能使昭明，善人勸焉，淫人懼焉。」❻

「《春秋》貴義而不貴惠，信道而不信邪。」❼

「《春秋》為尊者諱，為親者諱，為賢者諱。」❽

「《春秋》內其國而外諸夏，內諸夏而外夷狄。」❾

「昔者禹抑洪水而天下平；周公兼夷狄，驅猛獸，而百姓寧；孔子成《春秋》，而亂臣賊子懼。」❷⓿

「吳楚之君自稱王，而《春秋》貶之曰子；踐土之會，實召周天子，而《春秋》諱之曰天王狩於河陽。推此類以繩當世貶損之義，後有王者，舉而開之，《春秋》之義行，則天下亂臣賊子懼焉。」㉑

「夫《春秋》，上明三王之道，下辨人事之紀，別嫌疑，明是非，定猶豫，善善惡惡，賢賢賤不肖，存亡國，繼絕世，補敝起廢，王道之大者也。」㉒

從春秋三傳、孟子、董仲舒、司馬遷等較早的解釋《春秋》之說，清楚的看出孔子所以作《春秋》的深義及其筆法，於是中國最早

的史學，翻然問世了。

　　中國的一部閃爍中外的歷史大著，是司馬遷的《史記》。這部書雖寫成於漢的盛世，但是司馬遷是在憂患意識下揮筆的。其父司馬談執其手涕泣說：「幽厲之後，王道缺，禮樂壞，孔子修舊起廢，論《詩》《書》，修《春秋》，則學者至今則之。自獲麟以來，四百有餘歲，而諸侯相兼，史記放絕。今漢興，海內一統，明主賢君忠臣死義之士，余為太史而弗論載，廢天下之史文，余甚懼焉，汝其念哉！」㉓司馬談的憂患意識如此，司馬遷所受的影響必深，於是「俯首流涕」㉔，上繼《春秋》以寫《史記》。《春秋》亦得《史記》而其史學價值益顯。《春秋》畢竟是太簡單了，其涉及的時間及範圍，皆很有限。《史記》則貫穿自黃帝以後接近三千年的歷史，其空間範圍，是一個廣大的中國，旁及所知的外族，自此中國人清清楚楚知道自黃帝以後的歷史，而生存在歷史之中了。所以《史記》完全繼承了《春秋》大一統之義，而維繫了一個統一的中國。《史記》同時繼承《春秋》褒貶之義，懲惡而勸善，羅列小人的事蹟，而為有氣節有貢獻的人物表章，於是人類的文明，賴以維持。由此以言，《史記》的史學與《春秋》的史學是一貫的。

　　自漢以後，中國的史學在《春秋》和《史記》的籠罩下演進，兩千餘年，史學的型態固定。維持大一統的中國與維繫人類的文明，是史學的兩大任務。所以到衰唐五代人類文明發生最嚴重危機的時候，歐陽修和司馬光的史學出現了，兩宋的史學蓬勃了。到明亡而清以外族入主中國的時候，史學家要提倡史學以救中國了。顧炎武的《日知錄》，王夫之的《讀通鑑論》，可以說是兩部新的中國通史，討論從上古到明代歷史上的重大問題，其重點在嚴夷夏之防，以維持華夏民族的生存；在持名教之義，以正人心，挽風俗，而使人類躋於文明，

如顧炎武云：

> 「小雅廢而中國微，風俗衰而叛亂作。」㉕
>
> 「正人心，急於抑洪水。」㉖
>
> 「天下風俗最壞之地，清議尚存，猶足以維持一二。至於清議亡，而干戈至矣。」㉗
>
> 「文章之士，多護李陵，智計之家，或稱譙叟，此說一行，則國無守臣，人無植節，反顏事讎，行若狗彘而不之媿也。何怪乎五代之長樂老，序平生以為榮，滅廉恥而不顧者乎！《春秋》僖公十七年，齊人殲於遂。《穀梁傳》曰：無遂則何以言遂？其猶存遂也。故王蠋死而田單復齊，宏演亡而桓公救衛，此足以樹人臣之鵠，而降城亡子，不齒於人類者矣。」㉘
>
> 「素夷狄行乎夷狄，然則將居中國而去人倫乎？非也。處夷狄之邦而不失吾中國之道，是之謂素夷狄行乎夷狄也。六經所載，帝舜滑夏之咎，殷宗有截之頌，《禮記》明堂之位，《春秋》朝會之書，凡聖人所以為內夏外夷之防也，如此其嚴也。」㉙
>
> 「夫戎狄者，四方之異氣，蹲夷踞肆，與鳥獸無別，若雜居中國，則錯亂天氣，污辱善人。夫以亂辱天人之世，而論者欲將毀吾道以殉之，此所謂悖也。孔子有言：『居處恭，執事敬，與人忠，雖之夷狄，不可棄也。』夫是之謂素夷狄行乎夷狄也。若乃相率而臣事之，奉其令，行其俗，甚者導之以為虐於中國，而藉口於素夷狄之文，則子思之罪人也已。」㉚

王夫之則云：

「天下之大防二，夷狄、華夏也，君子、小人也。……夷狄
之與華夏，所生異地，其地異，其氣異矣；氣異而習異；
習異而所知所行蔑不異矣。乃於其中亦自有其貴賤焉。特
地界分，天氣殊，而不可亂。亂則人極毀，華夏之生民，
亦受其吞噬而憔悴。防之於早，所以定人極而保人之生，
因乎天也。君子之與小人，所生異種。異種者，其質異
也。質異而習異，習異而所知所行蔑不異焉。乃於其中自
有其巧拙焉。特所產殊類，所尚殊方，而不可亂。亂則人
理悖，貧弱之民，亦受其吞噬而憔悴。防之於濫，所以存
人理而裕人之生，因乎天也。」㊹

「天下之勢，一離一合，一治一亂而已。離而合之，合者不
繼離也；亂而治之，治者不繼亂也。明於治亂合離之各有
時，則奚有於五德之相禪，而取必於一統之相承哉？夫上
世不可考矣。三代而下，吾知秦隋之亂，漢唐之治而已；
吾知六代五季之離，唐宋之合而已。治亂合離者天也，合
而治之者人也。」㊺

「戰國之爭，逮乎秦項，凡數百年，至漢初而始定。三國之
爭，逮乎隋末，凡數百年，至唐初而始定。安史之亂，延
乎五代，凡百餘年，至太平興國而始定。靖康之禍，延乎
蒙古，凡二百餘年，至洪武而始定。其間非無暫息之日，
若可以定者。然而支蔓不絕，旋踵復興，非但上有暴君，
國有姦雄，抑亦人心風俗，一動而不可猝靜，虞矯習成，

殺機易發，上欲撲之而不可撲也。」❸❸

　　類似的言論， 皆是撼人心弦的立論 。 清楚畫分夷狄、華夏的界線， 而以人心風俗繫天下的治亂，這是最徹底的名教論，也是《春秋》史學最高度的發揮。

　　從春秋到清代， 中國的史學， 在憂患中誕生、發展，而中國的憂患， 亦因史學而紓解。《春秋》一書， 使中國從黑暗到光明， 使人類從禽獸的邊緣恢復到文明， 秦漢大一統的局面， 也隨之出現。 繼《春秋》而寫的《新五代史》和《通鑑》， 在挽救人類文明上， 發揮了最大的功能；《日知錄》和《讀通鑑論》， 則是救中國救世道的大作品， 在晚清發揮了作用， 而中國再造。「興亡有迭代之時， 而中華無不復之日」， ❸❹顧炎武的信念已成了歷史真理。

(三)

　　中國的史學， 因憂患而誕生、而發展， 西方的史學亦然。戰爭尤其是促使西方史學誕生的媒介。波斯戰爭， 掀起了西方史學的序幕；❸❺雅典與伯羅邦內辛戰爭， 使希臘史學家修昔底德 (Thucydides) 感覺到一個自由繁榮的文化被破壞的悲劇來臨， 而其史學隨之出現；❸❻克拉倫敦 (E. H. Clarendon, 1609-1674) 置身英國內戰 (一六四二至一六四七年) 中， 而其《英國內戰史》(*The History of the Rebellion and Civil War in England*) 問世， 且洞識英國內戰的憲法意義， 將中心題旨置於英國傳統憲法的演進； 湯恩比 (Arnold Toynbee, 1889-1975) 經歷了兩次世界大戰， 而其富世界性的史學出現， 他有西方文化將導致世界毀滅的恐懼， 於是關注東方文化

精神，並探討世界文化間的關係❸。如此說起來，戰爭是西方史學的溫床；文明的淪喪，則是中國史學所由興起的關鍵。二者皆出於憂患，而憂患不同，中西史學自此也就大相歧異了。

再以拉希埃丁 (Rashid al-Din, 1247-1318) 在伊兒汗國所寫的《波斯文史記》(*Jami' al-tawarikh*) 爲例，他從廣泛的立場檢討敍利亞社會怎樣遭遇蒙古人的入侵，並以世界史的觀點敍述蒙古人的征服世界。「這個人類歷史的空前動盪怎麼會產生的呢？」「在我們這個時代征服世界的民族究竟是些什麼人？」依照拉希埃丁的自述，他的歷史寫作係受蒙古大汗的啓示，他敍述這個橫跨歐亞兩洲的遊牧民族的歷史，並且追問：「什麼變遷程序會使全世界在五十五年時間內，服屬於蒙古統治之下？」他在其大著的序言裏說：

> 「每一個新宗教或新帝國的興起，形成一個顯著的新時代。什麼事情還能比成吉思汗王朝的肇興，更值得紀念或更是一個新紀元？事實是，在沒有多少年之內，這個君主征服世界各地的許多王國，並且消滅一羣沒有君主統治的人民。當這個世界帝國的統治加到成吉思汗和他的傑出的後裔身上時，世界各國，金、宋、契丹、印度、Transoxania、土耳其斯坦、敍利亞、盧姆 (Rūm)、阿朗族 (the Alans)、俄國、Circassians、Ouipchāq、Kalār、the Bashkiss，換句話說，四海之內，均已臣服。……成吉思汗給了全世界同一形態，同樣的感覺。」❸

如此看起來，成吉思汗率大軍帶給全世界的憂患，而促使拉希埃丁富世界性的史學出現❸。

　　若從第二次世界大戰期間發生的「大屠殺」(Holocaust) 事件來看，史學自憂患而生，尤為明顯:

　　據統計，在第二次世界大戰期間，全世界死亡的人數，最少三千五百萬人，甚至可能到五千萬人之數，他們包括戰士、平民、男士、婦女、兒童，他們或戰死戰場，或慘死家中，暴骨陸地者有之，浮屍海上者有之，粉身空中者有之❹。這是人類有史以來最大的人禍。其中尤以猶太人的命運最為悲慘。歷史文化悠久而遭遇亡國慘運的猶太人，以長於經商、理財及工藝馳名，又勤勞節儉，以致極為富有。其在歐洲的人數，到第二次世界大戰期間，約為九百萬人。希特勒的魔掌橫掃歐洲之際，就將歐洲三分之二的猶太人 —— 六百萬猶太人，悉數殺戮。他們被貨車載往荒涼的邊境，邊境的戰壕或山谷，變成了他們的墳場，或讓他們自掘深壕，深壕掘成，機關槍聲響，他們珍貴的生命就結束了！這是慘絕人寰的集體屠殺 (mass shooting)，史稱「大屠殺」(holocaust) ❹。文明的二十世紀，怎麼會有這樣的事件發生呢?

　　一九四一年十二月，當德國警察進入瑞珈 (Riga) 猶太村逮捕又老又病的猶太史學家丹諾 (Simon Dubnow, 1860-1941) 時，丹諾曾大呼:

　　　「兄弟們，寫下來所有看到聽到的事,保存起來所有的記錄。」

　　經歷 Holocaust 而活下來的史學家或所謂記事者 (Chronicler)，都在記事與保存記錄上，盡了最大的力量。他們深感歷史的急要 (the urgency of history)，冒險犯難，以記他們的恐怖遭遇；到第二次世界大戰結束後，他們在德國，在澳洲，在意大利，成立歷

史委員會 (Historical Committees, 統屬於 Central Historical Commission in Munich)，以蒐集實證 (testimonies)、目擊者的陳述 (eyewitness accounts)、回憶錄 (memoirs)，以及其他各種歷史文獻。所謂 Holocaust 史學 (Holocaust historiography) 於是就在這種基礎上出現了❷。由猶太人的悲泣 (Jewish sorrow) 所帶來的史學，付出的代價，也眞是太大了！（太平盛世，自有其史學，惟與憂患之世的史學不同，此有待另以專文討論。）

（四）

憂患與史學的關係如此，史學自憂患而來，憂患亦因史學而去。以古衡今，今天的中國，正處於一個有史以來的大憂患時代。統一的中國，分裂爲二，文化與意識型態上也嚴重分裂；所遭遇的外族，強大而有文化，不是匈奴、突厥、契丹所能比擬；人心風俗敗壞到最低點，文明像是已不可見；爲共產黨統治四十年的中國大陸，已不見國人勤勞、知足、和平、誠實的美德，清算鬥爭之習，猜忌貪婪之性，日久而深錮於人心；臺灣四十年的建設，其富庶繁榮，已破了歷史記錄，而精神文明則降到谷底，兗兗立委諸公，活像野蠻人，是一明證。憂患如此❸，中國已瀕於萬劫不復的邊緣。一種偉大的史學，是否因爲這種大憂患而呼之欲出呢？這是面臨的考驗。今天的憂患，非史學不能挽救，則是可以肯定的。史學界謀求健全史學，發揚光大著眼文明的中國傳統史學，吸收西方的新史學，使史學成爲一種博大精深的學術，同時肩負起人類文明的任務，則中國的文明與命運，庶幾可以維持，歷史也於此顯出其神聖與威權。

註　釋

❶　《詩經》「十月之交」。

❷　參見《漢書》「楚元王傳」。

❸　同上。

❹　老子《道德經》上。

❺　據湯恩比（Arnold Toynbee, 1889-1975）統計，希臘描寫戰爭實況
　　的書，幾乎佔了希臘歷史著述總量的五分之四。見Arnold Toynbee,
　　Greek Historical Thought, 1952, p. xiii.

❻　王夫之《讀通鑑論》卷二六。

❼　同上。

❽　司馬光於《通鑑》卷二九一後周紀太祖顯德六年下如此描述馮道。

❾　《新五代史》卷十六「唐廢帝家人傳」。

❿　同書，卷十七「晉家人傳」。

⓫　同書，卷六十一「吳世家」。

⓬　司馬光〈進資治通鑑表〉。

⓭　《通鑑》卷二百九十一「後周紀」二太祖顯德六年。

⓮　范甯「序穀梁傳」。

⓯　《左傳》「成公十四年」，左丘明託之「君子曰」之言。

⓰　《左傳》「昭公三十一年」，左丘明託之「君子曰」之言。

⓱　《穀梁傳》「隱公元年」。

⓲　《公羊傳》「閔公元年」。

⓳　同書，「成公十五年」。

⓴　《孟子》「滕文公下」。

㉑　《史記》「孔子世家」。

㉒　司馬遷轉述董仲舒之言，見《史記》「太史公自序」。

㉓　同上。

㉔　同上。

㉕　《日知錄》卷十三「清議」條。

㉖　同書，卷十二「河渠」條。

㉗　同書，卷十三「清議」條。

㉘　同上。

㉙　見原抄本《日知錄》卷九「素夷狄行乎夷狄」條。清刻本此條有目無文。原抄本《日知錄》係由張繼購之於北平，由明倫出版社印行。

㉚　同上。

㉛　《讀通鑑論》卷十四。

㉜　同書，卷二四。

㉝　同書，卷十一。

㉞　原抄本《日知錄》卷九「素夷狄行乎夷狄」條。

㉟　Herodotus 為西方歷史之父，其歷史名著為上文提到的 History of the Persian Wars。

㊱　Thucydides 為希臘第二位大史學家，著有享盛譽的 History of the Peloponnesian War。

㊲　參見 William H. McNeill, Arnold J. Toynbee, A Life, (Oxford University Press, 1989)；張致遠＜史家的靈感——兼論陶恩培的治學經驗＞(載於張著《史學講話》，民國四十一年初版，中等文化事業出版社)。

㊳　Rashid al-Din, Jami' Ouatremire's Translation, pp. 60-63.

㊴　參見張致遠＜史家的靈感——兼論陶恩培的治學經驗＞一文。

㊵　參見 Lucy S. Dawidowicz, The Holocaust and the Historians (Harvard University Press), 1981, P. 5.

㊶　Ibid, pp. 12-13.

㊷　Ibid, pp. 125-141.

㊹　詳見拙文＜憂患的世紀＞（載於民國七十五年十月十五日《 中央日報 》副刊）。

第三章　從宋襄公談起

    ——宋襄公在戰場上，不乘人之危，不重傷，而
兩千多年後，則出現了專門殺戮子民的中共屠
夫，人類是否已退化到比禽獸更禽獸的地步？

　　春秋五霸中，宋襄公應當是一位敬陪末座的霸主。他以弱小之
宋，想繼齊桓公之後謀霸，於是與兵力雄厚的楚戰於泓水。當時宋軍
已成列，楚軍尚未完全渡過泓水，宋司馬請擊之，襄公說不可。不
久，楚軍完全渡過泓水，惟未成列，司馬又請進擊，襄公仍說不可。
等到楚軍陣勢擺好，宋軍進擊，結果慘敗，襄公負傷，其霸業也頓成
泡影。宋國人皆埋怨襄公，襄公則解釋說：「君子不重傷，不禽二毛；
古之爲軍也，不以阻隘也；寡人雖亡國之餘，不鼓不成列。」意思是
說用兵不靠天險，不佔便宜，同時要仁慈，不在傷上加傷，不捉頭髮
斑白的老者。宋襄公用兵，可算是仁慈之師了。

　　整個春秋時代，找不出第二個宋襄公出來。不過，春秋時代的戰
爭，尚未至十分殘酷的程度。當時的國際戰爭，如城濮之戰、鄢陵之
戰，一日即結束，雙方用車隊互相撞擊，馬傷軸斷，或車上的甲士有
了傷亡，就算勝負分明，不再續戰，勝利者也從不向失敗者窮追不
已。參戰的兵力不過數千人，最多不超出數萬人。請戰是戰爭的一種
序幕，請戰辭令，儘量優美婉轉，如城濮之戰，楚子玉派人向晉文公
請戰，其辭曰：「請與君之士戲，君馮軾而觀之，得臣與寓目焉。」說

來極為輕鬆。以佔領土地，殘殺敵人為目的的戰爭，極為少見。到戰
國時代的戰爭，便完全不同了。騎兵與步卒的加入戰場，使戰爭的型
態改變。戰爭的時間，大為延長，一場戰爭，往往非數十日不能解
決。戰爭的空間，由平原伸展到山岳或低窪地區。而且由於騎兵步卒
人數的增加，各國的軍備，空前龐大，各大國皆帶甲百萬，大量軍
隊，投入戰場，每一交鋒，動員輒數十萬，如秦趙長平之戰，秦坑趙
降卒四十萬人，則雙方參戰的兵力，當在百萬以上，秦的滅楚，出兵
六十萬，其規模尤大。戰爭的目的，在一舉而滅人之國，國際間已無
所謂信義，條約已失去其約束力量。崇尚首功，一次戰役，斬首動輒
十萬二十萬，士卒立功，全看斬獲首級的多少，斬首雖戰敗亦賞，不
斬首雖戰勝亦不賞。軍行所至，橫肆殺戮，最兇殘的「屠城」一詞，
「已見於《荀子》議兵」篇，秦每屠城，如屠大梁，即是一例。這是
春秋時代所未有的殘酷戰爭。「師之所處，荊棘生焉，大兵之後，必
有凶年」，時人如此形容戰禍，其殘酷真相，可以想見了。

　　戰國時代，揭開了歷史殘酷的一頁，其後時代愈進，殘酷愈烈。
值流寇颰起之時，當內亂蔓延之日，人類像是瀕臨末日。如李克用自
潞州爭山東，而三州之民，俘掠殆盡，稼穡絕於南畝；秦宗權寇掠焚
殺，北至滑衞，西及關輔，東盡青齊，南屈江淮，極目千里，無復烟
火，車載鹽屍，以供餱糧；孫儒攻陷東都，環城寂無雞火；楊行密攻
秦彥畢師鐸於揚州，人以菫泥為餅充食，掠人殺其肉而賣之，流血滿
市；李罕之領河陽節度，以寇鈔為事，懷孟晉絳數百里間，田無麥
禾，邑無烟火者，殆將十年；孫儒引兵去揚州，悉焚廬舍，驅丁壯及
婦女渡江，殺老弱以充食；朱溫攻時溥，徐泗濠三州之民，不得耕
穫，死者十六七。這是唐末數十年的情況，「屠割如雞豚，野死如蛙
蚓，驚竄如麋鹿，餒瘠如鳩鵠，子視父之剖胸裂肺而不敢哭，夫視妻

之彊攘去室而不敢顧，千里無一粟之藏，十年無一薦之寢。」史學家以沉痛之筆，描述其情況，這眞是極乎不忍言之慘了！

外族入侵之際，大屠殺隨時來臨。清兵下江南，揚州十日，嘉定三屠，傷心慘目，神人共憤。日軍所表演的南京大屠殺，尤其極盡人間兇殘之能事。當民國二十六年十二月十二日日軍佔領南京後，大肆姦淫屠殺，被擄的官兵，赤手空拳的平民婦孺，或遭集體掃射，或被活活砍死，爲時一週，男女慘死者，約三十萬人，外人目擊者稱爲現代史上最野蠻的行爲。其實日軍所到之處，無不姦淫，無不屠殺，國人死於非命者，已非數字所能統計。流寇殺人，戰爭中殺人，尤其殺敵國之人，古今中外，司空見慣，原不足怪。誰讓你是敵人呢？誰讓你是「非我族類」呢？誰讓你遇到生來就殺人的流寇呢？

周武王伐紂，以至仁伐至不仁，也免不了鮮血流杵，爭天下者不能不殺人。得天下以後，周施行仁政，以贖其愆尤。獨怪近代明太祖於得天下以後，乃盡舉與其共得天下之人而盡殺之，其殘忍實千古所未有。所興胡惟庸獄，族誅至三萬餘人，所興藍玉獄，族誅至萬五千餘人。又大興文字獄，以文字疑誤殺人，每覽章奏，動生疑忌，一字之誤，禍及子孫。如章奏中有「儀則天下」、「睿性生知」、「體乾法坤」、「藻飾太平」字句，皆伏誅，以則音嫌於賊，生知嫌於僧，法坤嫌於髮髡，藻飾太平嫌於早失太平。杭州敎授徐一夔賀表，有光天之下，天生聖人，爲世作則等語，明太祖看完大怒，曰：「生者，僧也，以我嘗爲僧也；光則薙髮也，則字音近賊也。」遂斬之。這樣毫無道理的恣意殺其子民，眞是有史以來的第一人。有人說：「明祖一人，聖賢、豪傑、盜賊之性，實兼而有之。」在我看來，他只有盜賊之性而已。

歷史進化論近代甚爲流行，信仰者遍中外。對我來講，疑信參

牛。當最近中國千千萬萬的學生，以極純潔的精神，最和平的方式，進行爭取民主運動的時候，我感覺在苦難中成長的中華兒女，太優秀，太可愛了。爲了一種崇高的理想，懇求、靜坐、絕食，而不訴諸任何暴力。參與運動的人數，破了世界紀錄；秩序的井然，出乎中外觀察家意料所及。誰說歷史不是在進化呢？可是當中國共產黨的軍隊，血洗北京天安門的時候，我對歷史進化論，又完全懷疑了。攻城略地的坦克車，輾向睡滿學生的篷帳；衝鋒陷陣的機關槍，轉向手無寸鐵的孩子掃射；活生生的人羣，頃刻間變成肉餅；手挽手，靜坐，目光平和的萬千國家精英，一刹那身首異處，血肉模糊。誰相信文明的二十世紀，會發生這種事件呢？下屠殺令的中共頭子，究竟是些什麼樣的人呢？宋襄公在戰場上，不乘人之危，不重傷，不擒二毛。兩千多年後，則出現了專門殺戮子民的屠夫，人類是不是已退化到比禽獸更禽獸的地步？

中共以殺人起家，尤其長於殘殺善良而又手無寸鐵的人。當其僭奪政權前後，所殘殺者，不知其幾千萬人。以勤勞儉樸致富的人，有德望有知識的人，差不多都死於其魔手。四十年來，寃魂滿神州，中國的歷史在嗚咽！誰想到在全世界億萬人目光睽睽之下，竟又演出以坦克車、機關槍屠殺大學生的慘劇！這豈是人間所應發生的事件？可是它發生了，它千眞萬確的發生了！

有人說，快樂的國家，沒有歷史；快樂的女人，沒有歷史。我們何不把罪惡的歷史忘盡呢？可是，生活在歷史中，就像生活在空氣中一樣，誰也無法避開她。我們惟有期望歷史由野蠻日進於文明。這就涉及到能促進歷史文明的一套史學了。中外史學，發展兩千餘年，其中受盡近人訾議的懲惡勸善的褒貶史學，在我看來，是萬古不能廢的一套史學，除非你不要歷史文明了。歷史上的美善，得不到表揚，歷

史上的罪惡，得不到懲創，歷史又有什麼公平呢？歷史又怎能走向文明呢？褒貶的方式，不妨從書法褒貶，變到畢羅事實。美善如柴玲、王丹、吾爾開希等千百萬靑年學生的事蹟，據實一一寫在歷史上；罪惡如毛澤東、鄧小平、李鵬、楊尚昆等奸賊的屠殺行爲，悉數網羅以垂丹靑，豈不盡現歷史之眞之大？ 善哉黃梨洲之言：「大奸大惡將何所懲創乎？曰，苟其人之行事，載之於史，傳之於後，使千載而下，人人欲加刃其頸，賤之爲禽獸，是亦足矣。孟子所謂亂臣賊子懼，不須以地獄蛇足於其後也。」這就是褒貶史學，人間不能缺少。所以所有主張歷史上沒有是非，沒有善惡， 不必褒貶的論調， 都是禍世之論。

　　有五千年悠久歷史的中國， 已瀕於存亡絕續的關頭。 我朝野上下， 應格外策勵，加倍警惕。執政者應寬宏大量，慈悲爲懷，厲行更民主更理想的政治；在野者應發揮理性，遵守秩序，以國家民族爲前提，而破除方隅之見。延續中國的命運，就繫於此刻了！

　　執筆寫此文，淚爲之潸然。腦際不時浮現的，是柴玲、王丹、吾爾開希等年輕學子的影子。

第四章　可以看到聽到的歷史

（一）

歷史上出現過的形形色色人物，一去即杳，即使是名噪一時的英雄、美人和名士❶；歷史上發生過的大小紛紜事件，瞬即消逝，如曇花一現，像去歲湖上的清風❷。人類的歷史，說起來是虛無飄渺，其真景象已不可見，其喧騰之聲，早歸於沉寂。史學家於是利用想像（imagination），創造虛幻的境界，以接近歷史。英國史學家楊格（G.M. Young, 1882-1959）研究英國維多利亞時代（Victorian Age）的歷史，至於能聽到這一時代的聲音向他講話❸。全祖望撰寫明末清初有奇節人物的生平，能出現「世更百年，宛然如白髮老淚之淋漓吾目前」❹的境界。史學家舉目窗外，像是看到矮小的拿破崙，穿著破大衣，騎著白馬，奔馳而來❺；閉上眼睛，像是聽到富有神秘性的語言（the language of mythology）❻。「生於百世之後，而置身在百世之前。唐虞之揖讓於廷，而君臣吝警，吾目見其事，而耳聞其聲也。南朝牧野之戰，吾親在師中，而面聆其誓誥也。吾又登孔子之堂，承其耳提而面命，而與七十子上下其論也。吾又入左氏太史之室，見其州次部居，發凡起例，含毫而屬思也。以至後世爭戰之禍，賢君相之經營，與夫亂賊小人之情狀，無不歷歷乎在吾之目❼。」這是史學家利用想像創造出來的虛幻境界，頓時看到歷史，聽到歷

史，歷史變成眞實，讀者於是也隨著神遊千古了。

（二）

　　史學家利用想像創造出來的可以看到聽到歷史的境界，究竟眞實到什麼程度呢？史學家自己最清楚這一點。有的史學家於是就只寫自己能親自看到聽到的現代史了。希臘史學家修昔底德（Thucydides, B.C. 460/455- 399/8 B.C.）曾說：「我發現不可能獲得遠古的眞正具體知識， 卽使是我們前一代的歷史， 因爲時間上太遙遠了❽。」希臘另一史學家波力比阿斯 （Polybius, B.C. 200-118 B.C.） 蒐集材料的方法， 一是親眼去看， 一是親耳去聽。聽又分爲兩種，一是聽活人──訪目擊者，一是聽死人──閱讀文獻。三者之中，他認爲親眼看者最上，訪問目擊者次之，而閱讀文獻最下❾。史學家謹愼到只寫自己能看到聽到的歷史，自然能寫出較眞的歷史。可是歷史局限於現代， 其源遠流長， 跨越時間空間的特點喪失，歷史的價值就極爲有限了。中外史學家於是不得不致力於發現一套批評文獻的方法，以彌補缺陷了。司馬遷牛馬走天下，「登廬山， 觀禹疏九江」❿，「適楚，觀春申君故城宮室」⓫，「適長沙，觀屈原所自沈淵」⓬， 則是史學家藉古代遺跡以接近歷史的一種方法。以「適長沙， 觀屈原所自沈淵」爲例， 從屈原到司馬遷的時代， 已歷時數百年，杳不可接，可是當司馬遷適長沙，親自看到屈原沈淵的地點，他可能就看到一個人在江濱，被髮行吟，顏色憔悴，形容枯槁，而突然間就懷石投江以死了，他也可能聽到投江的聲音了。 史學家藉遺跡以看到聽到的歷史， 比用想像，應當是眞切多了。

（三）

　　人人盡知，遺跡是最重要的史料之一。其重要在於其直接性。歷久而巋然猶存的建築物，如埃及的金字塔，中國的萬里長城，使人看到五千年前埃及的文化以及中國自上古時代起與外族激烈爭戰的情況；地下出土的文物，文字史料方面，如殷代的甲骨文，周代的鐘鼎文，漢代的木簡，爲世人所能親炙；器物方面，如石器、陶器、銅器、鐵器，古人所眞正擁有者，可供近人任意撫摸；秦始皇墓中的兵馬俑，數千個陶兵、陶馬及馬車，皆與實人眞馬一般大小，逼眞生動，排列整齊，令舉世觀賞之餘，爲之驚訝；至於山脈河流，變化不大，古人所繪製者，近人猶能見其近眞；人物笑貌，園林景色，古人所臨寫者，近人藉之可蒞其境而接其人；古人的字跡、繪畫，檔案的眞本，以及類似的原始文獻，都帶人到歷史上去，而有無限親切之感。遺跡可以讓史學家看到歷史，不待置疑。

　　近代攝影、錄影、錄音技術的發達，歷史人物及事件戲劇性的發展，皆可逼眞的留下來，在史學上，這是一新紀元。

　　民國二十六年（一九三七年）十二月十二日，當日軍佔領南京後，大肆姦淫屠殺，被擄的官兵，赤手空拳的平民婦孺，或遭集體掃射，或被活活斫死，爲時一周，男女慘死者，大約三十萬人，外人目擊者，稱爲現代史上最野蠻的行爲。這是令人怵目驚心的「南京大屠殺」。迄至今日，日人百般隱諱，可是清晰的攝影圖片，歷歷在世人目前，圖片毀不掉，日軍的罪行，卽千古存留⓭。

　　民國七十八年（一九八九年）四、五月間，中國大陸千千萬萬的大學生，以極純潔的精神，最和平的方式，進行爭取民主運動。爲了一

種崇高的理想，懇求，靜坐，絕食，而不訴諸任何暴力；參與運動的
人數，破了世界記錄；秩序的井然，出乎中外觀察家意料所及。可是
殺人成性的共產黨，卻在同年六月四日，用攻城略地的坦克車，輾向
學生，揮舞衝鋒陷陣的利器機關槍，橫掃面帶稚氣而又手無寸鐵的孩
子；活生生的人羣，頃刻間變成肉餅；手挽手，靜坐，目光平和的萬
千國家精英，一剎那身首異處，血肉模糊。這是轟動世界的「北京大
屠殺」，也是所謂「血洗天安門事件」，人類有史以來最野蠻的殺人事
件。這種事件的發生，是人類的恥辱。事後中國共產黨向世界宣布：
「學生未死一人！」這是撒天下之大謊。世人縱使不相信文字的報導，
攝影鏡頭下的畫面，錄影機、錄音機中的行動與聲音，豈是可以偽
造？學生之一王維林以一身而擋坦克車隊的鏡頭，世人在圖片上在電
視機前看到；學生女領袖柴玲慘變後在錄音帶中的泣訴，世人耳旁都
會聽到。如柴玲說：「今天是公元一九八九年六月八日下午四時，我
叫柴玲，我是天安門廣場指揮部總指揮，我還活著。關於自六月二號
到六月四號這段時間整個廣場情形，我想我是最有資格的評論家，我
也有責任提事實的眞相告訴大家，告訴每一個同胞，每一個中國的
公民。」「當時在廣場上設立一個廣播站，這廣播站叫『絕食團廣播
站』。我一直堅守在那裏……不時都收到各方面的告急，同學們市民
們不斷有被打消息，被殘害的消息傳來。」「廣場另外北部，我們民
主大學成立的掌聲雷動，民主大學設立在自由女神附近，而周圍東西
長安街上，一直血流成河。劊子手——那些二十七軍士兵們，他們用
坦克、衝鋒槍、刺刀、催淚瓦斯，對著那怕只喊一句口號的人。那個
只扔著一塊磚頭的人，他們用衝鋒槍追他們打。所有在長安街上的屍
體，都在胸前血流一片；我們的同學徒步走來，他們的手上，胸上，
他們的腿上流血，是他們的同胞，生命的最後一滴血；他們氣憤，把

這些同學抱在懷裏。」「我們指揮部的同學告訴大家，我們是和平請願，和平最高的原則就是犧牲，我們就是這樣手挽著手，肩並著肩，大家在國際歌聲中，慢慢的從帳篷中走出來，挽著手走到紀念碑的北側、西側、南側。大家靜靜坐在那，用我們平靜的目光，迎接劊子手的屠刀。……同學們就這樣，靜靜坐在那兒，躺著，等待犧牲。這時候在指揮部的篷子裏，四面有幾個話筒，外面有幾個喇叭的篷子裏面，放著龍的傳人的歌曲，同學們和著歌聲唱著，眼裏含著淚水，大家互相擁抱著，握著手，因為每個人都知道生命最後一刻到來了，為這個民主犧牲的時刻到了！」「不斷收到各方面的消息，有同學……有市民告訴我消息。這班劊子手他們真殺呀！他們對著長安街兩旁的民居發射火箭砲。有孩子、老人統統喪生槍下，他們有什麼罪？他們連口號也沒有喊。一位朋友告訴我，他是凌晨兩點鐘在長安街上堵坦克的，他親眼看見一個個子不高的女孩子，她的右手揮舞著，站在坦克車的前面，車從她的身上過去了，她被壓成肉餅。」錄音全文長五千字，悽愴聲音中，將中國共產黨屠殺學生，血洗北京城的事實，全輸送到世人的耳中了❶。當事人這樣的親自敍述，而且又有聲音留下來，後人怎能武斷的懷疑呢？

　　近代攝影、錄影、錄音的技術，確實激起史學的革命。史學家本來是畫家而不是攝影家❶，對於所有出現眼簾的景象，無法一一攝取下來。現在史學家有時也儼然像是攝影家甚至於錄音家了，可以將前人攝影留下來的真跡，展示於世人；歷史上的聲音，歷史事件的發展，其激動，其曲折，在以前是不可能留下來的，現在則一一可以留下來；英雄豪傑的聲音笑貌，屠城事件的殘酷，皆可逼真的存留。歷史以攝影、錄影、錄音的技術，而進一步趨向真實。所有懷疑歷史真實性的言論（如哲學家由輕視歷史而懷疑歷史的一些言論），現在應

可以稍微收歛了。

（四）

　　不可否認的，史學家利用想像以創造的可以看到聽到歷史的虛幻境界，能帶讀者看到聽到歷史，歷史的神奇，在此出現。如司馬遷描述項羽救鉅鹿的情況云：

> 「項羽已殺卿子冠軍，威震楚國，名聞諸侯。乃遣當陽君、蒲將軍將卒二萬渡河，陳餘復請兵。項羽乃悉引兵渡河，救鉅鹿，戰少利。皆沉船，破釜甑，燒廬舍，持三日糧，以示士卒必死，無一還心。於是至則圍王離，與秦軍遇，九戰，絕其甬道，大破之，殺蘇角，虜王離。涉閒不降楚，自燒殺。當是時，楚兵冠諸侯。諸侯軍救鉅鹿下者十餘壁，莫敢縱兵。及楚擊秦，諸將皆從壁上觀。楚戰士無不一以當十，楚兵呼聲動天，諸侯軍無不人人惴恐。於是已破秦軍，項羽召見諸侯將，入轅門，無不膝行而前，莫敢仰視。」⓰

　　這是極精彩的一段描述，戰爭進行的激烈，讀者如看到實況；楚兵動天的呼聲，讀者如聽在耳際，歷史的吸引力，由於這種可以看到聽到的描述。可是其真實性如何呢？司馬遷自然有其文獻的根據，但是不可避免的也必然運用了想像。文獻的資料，無法那樣的完整無缺，也很難那樣的有聲有色。史學家必須具備的一套藝術，自此充分表現出來。

再如司馬遷描述鴻門宴云:

「項羽兵四十萬在新豐鴻門,沛公兵十萬在霸上。范增說
項羽曰:『沛公居山東時,貪於財貨,好美姬。今入關,
財物無所取,婦女無所幸,此其志不在小。吾令人望其
氣,皆為龍虎,成五采,此天子氣也。急擊勿失。』楚左
尹項伯者,項羽季父也,素善留侯張良。張良是時從沛
公,項伯乃夜馳之沛公軍,私見張良,具告以事,欲呼張
良與俱去,曰:『毋從俱死也。』張良曰:『臣為韓王送沛
公,沛公今事有急,亡去不義,不可不語。』良乃入,具
告沛公。沛公大驚曰:『為之奈何?』張良曰:『誰為大王
為此計者?』曰:『鯫生說我曰距關毋內諸侯,秦地可盡
王也,故聽之。』良曰:『料大王士卒足以當項王乎?』
沛公默然,曰:『固不如也,且為之奈何?』張良曰:『請
往謂項伯言沛公不敢背項王也。』沛公曰:『君安與項伯
有故?』張良曰:『秦時與臣游,項伯殺人,臣活之,今
事有急,故幸來告良。』沛公曰:『孰與君少長?』良曰:
『長於臣。』沛公曰:『君為我呼入,吾得兄事之。』張
良出要項伯,項伯即入見沛公。沛公奉卮酒為壽,約為婚
姻,曰:『吾入關,秋毫不敢有所近,籍吏民,封府庫,
而待將軍。所以遣將守關者,備他盜之出入與非常也。日
夜望將軍至,豈敢反乎?願伯具言臣之不敢倍德也。』項
伯許諾,謂沛公曰:『旦日不可不蚤自來謝項王。』沛公
曰:『諾。』於是項伯復夜去,至軍中,具以沛公言報項
王,因言曰:『沛公不先破關中,公豈敢入乎?今人有大

功而擊之，不義也。不如因善遇之。』項王許諾。沛公旦
日從百餘騎，來見項王，至鴻門，謝曰：『臣與將軍戮力
而攻秦，將軍戰河北，臣戰河南，然不自意能先入關破
秦，得復見將軍於此！今者有小人之言，令將軍與臣有
郤。』項王曰：『此沛公左司馬曹無傷言之。不然，籍何
以至此？』項王即日因留沛公與飲，項王項伯東嚮坐；亞
父南嚮坐，亞父者，范增也；沛公北嚮坐；張良西嚮侍。
范增數目項王，舉所佩玉玦以示之者三，項王默然不應。
范增起，出召項莊，謂曰：『君王為人不忍。若入前為
壽，壽畢請以劍舞，因擊沛公於坐殺之。不然，若屬皆且
為所虜。』莊則入為壽，壽畢曰：『君王與沛公飲，軍中
無以為樂，請以劍舞。』項王曰：『諾。』項莊拔劍起舞，
項伯亦拔劍起舞，常以身翼蔽沛公，莊不得擊。於是張良
至軍門見樊噲，樊噲曰：『今日之事何如？』良曰：『甚
急。今者項莊拔劍舞，其意常在沛公也。』噲曰：『此迫
矣，臣請入與之同命。』噲即帶劍擁盾入軍門，交戟之衛
士欲止不內，樊噲側其盾以撞，衛士仆地，噲遂入，披帷
西嚮立，瞋目視項王，頭髮上指，目眥盡裂。項王按劍而
跽曰：『客何為者？』張良曰：『沛公之參乘樊噲者也。』
項王曰：『壯士！』賜之卮酒，則與斗卮酒，噲拜謝，起
立而飲之。項王曰：『賜之彘肩。』則與一生彘肩。樊噲
覆其盾於地，加彘肩上，拔劍切而啗之。項王曰：『壯士！
能復飲乎？』樊噲曰：『臣死且不避，卮酒安足辭？夫秦
有虎狼之心，殺人如不能舉，刑人如恐不勝，天下皆叛
之。懷王與諸侯約曰：「先破秦入咸陽者王之。」今沛公

先破秦入咸陽，毫毛不敢有所近，封閉宮室，還軍霸上，
以待大王來。故遣將守關者，備他盜出入與非常也，勞苦
而功高如此，未有封侯之賞，而聽細說，欲誅有功之人，
此亡秦之續耳。竊為大王不取也。』項王未有以應，曰：
『坐。』樊噲從良坐。坐須臾，沛公起如廁，因招樊噲出。
沛公已出，項王使都尉陳平召沛公。沛公曰：『今者出未
辭也，為之奈何？』樊噲曰：『大行不顧細謹，大禮不辭
小讓。如今人方為刀俎，我為魚肉，何辭為？』於是遂
去。乃令張良留謝。良問曰：『大王來何操？』曰：『我持
白璧一雙，欲獻項王，玉斗一雙，欲與亞父。會其怒，不
敢獻。公為我獻之。』張良曰：『謹諾。』當是時，項王
軍在鴻門下，沛公軍在霸上，相去四十里。沛公則置車
騎，脫身獨騎，與樊噲、夏侯嬰、靳彊、紀信等四人，持
劍盾步走，從酈山下道芷陽間行。沛公謂張良曰：『從此
道至吾軍，不過二十里耳。度我至軍中，公乃入。』沛公
已去，間至軍中。張良入謝曰：『沛公不勝桮杓，不能辭，
謹使臣良奉白璧一雙，再拜獻大王足下，玉斗一雙，再拜
奉大將軍足下。』項王曰：『沛公安在？』良曰：『聞大王
有意督過之，脫身獨去，已至軍矣。』項王則受白璧，置
之坐上。亞父受玉斗，置之地，拔劍撞而破之曰：『唉！
豎子不足與謀！奪項王天下者，必沛公也。吾屬今為之虜
矣！』沛公至軍，立誅殺曹無傷。』」[17]

　　這是一段曲折而又充滿緊張、刺激的描述，讓讀者忽而聽到輕聲
細語，忽而聽到慷慨陳辭；劍影、酒影，皆在讀者眼前。歷史此時與

史詩無異。歷史怎麼能夠如此留下來呢？史學家的想像，應是扮演很重要的角色。

史學家利用想像以創造的可以讓讀者看到聽到歷史的境界，是很難完全服人的，即使其背後有大量的資料作基礎。往往其境界愈眞切，愈離事實遙遠。於是眞能讓讀者看到聽到的歷史，乃有問世的必要。

歷史人物像，不管是攝影下來的，或者是畫出來的，出現在歷史上，最有眞切感。在這方面，中外傑出的歷史人物，往往留下畫像，較近代則留下更眞的照相。攝影技術發達以後，人物像普遍流傳，羣衆的集會，重要會議時羣賢畢至的盛況，每有留像。史學家於適當位置，讓這些像片出現，歷史豈不頓時改觀？

歷史人物的手跡，親自寫的一封信，或親自畫的一幅畫，如果留傳，皆應留在歷史上。寫人物傳記時，更應使其儘量出現。研究藝術史的人，極注意於此。一般史學家每視爲可有可無，尤其不肯悉力蒐輯，歷史之眞，自此就溜走了。

歷史事件的眞相，有圖片留傳者，如珍珠港事件，如北京大屠殺，必須使其留在歷史上。一九八九年七月出版的《世界編年史》(*Chronicle of the World*)❿將同年六月發生在中國的北京大屠殺事件中王維林一人抵擋坦克車的照片登出，是最爲傳神的。學生們爭取民主的大無畏精神，中國共產黨的殘酷野蠻行爲，赤裸裸呈現，萬千語言，那有如此效果？

與歷史事件相關的實物與文獻，如古遺留物、古文字、古刻板書以及各類原始文件，抽樣留在歷史上，相當必要。這方面的存留，洋洋可觀。自埃及金字塔，至秦尺漢石，比比皆是。

歷史地圖在歷史上應佔很重要的一頁。西方發展極爲成功的歷史

地圖學，爲用地圖表示疆域的沿革，邊界的變遷，水道的移徙，土地的墾殖，道路的興築，居室的發展，以及戰爭行軍的路線等。現代西方學者所繪製的歷史地圖，充分利用顏色的深淡表示地勢的高下，城市則依居民多少定小大，河流則依水量分粗細，不同的人種，相異的語言，分別以各種顏色表示。這樣的地圖，穿插在歷史上，歷史自然就不虛浮了。

　　歷史的聲音，歷史的活動畫面，是留不在歷史上的。錄製歷史電影片，儲存錄影帶、錄音帶，同時設立有聲歷史博物館，是當務之急。新史學自此悠然出現。

　　西方近代史學家喜歡寫帶插圖的歷史 (illustrated history)，像 H. G. Wells 的 *An Illustrated Short History of the World*❶，Arnold Toynbee 的 *A Study of History,* the new one-volume edition, illustrated❷。Geroge Holmes 主編的 *The Oxford Illustrated History of Medieval Europe* ❹，Cliften Daniel 主編的 *Chronicle of the 20th Century*❷，Jerome Burne 主編的 *Chronicle of the World*❸，都是顯例。就 Jerome Burne 主編的 *Chronicle of the World* 來講，文字以外，圖片在三千張以上，而且半數以上是彩色。歷史至此，真是如現眼簾了。

註　釋

❶　張問陶《船山詩草》(中華書局本) 卷四「詠懷舊遊十首」：「美人名士英雄墓，一概纍纍古道旁。」

❷　Herbert Butterfield, *The Origins of History,* Basic Books, Inc., 1981, P. 17:"Bygone events were like the pattern of last year's wind on the surface of a lake-not things which one could feel were really capable of recapture."

❸ Explaining how he approached the study of Victorian England, G.M. Young (1882-1959) said that he "read and read till he heard the voices of the age speaking to him"(see Arthur Marwick, The Nature of History. Macmillan, 1970, P.94).

❹ 全祖望《鮚埼亭集》外編卷五＜明監察御史退山錢公墓石蓋文＞。

❺ 參見 Van Loon, *The Story of Mankind,* Harrag, 1922, P. 352.

❻ 參見 Arnold Toynbee, *A Study of History,* Oxford University Press, 1934-61, vol. 1, P.271.

❼ 載名世《南山集》卷二＜杜溪稿序＞。

❽ Thucydides, *History of the Peloponnesian War,* 120. tran. R. Warner.

❾ 參見王任光＜波力比阿斯的史學＞一文，載於《臺灣大學歷史系學報》第三期，民國六十五年。

❿ 《史記》「河渠書」。

⓫ 同上，「春申君列傳」。

⓬ 同上，「屈原賈生列傳」。

⓭ 可參閱日洞富雄著、毛良鴻、朱阿根譯《南京大屠殺》（上海譯文出版社，一九八七年八月第一版），徐志耕著《南京大屠殺》（時報出版公司,民國七十八年七月初版）、日藤原彰作，陳鵬仁摘譯＜南京大屠殺的真相＞（載於《歷史教學雙月刊》第一卷第一、二期，民國七十七年七月十五日、九月十五日）， 及李恩涵＜日本南京大屠殺的屠殺數目問題＞（載於《日本侵華研究》第三期，一九九〇年八月）。

日洞富雄著《南京大屠殺》（代譯序，高興祖）：「距今四十餘年前的一

九三七年十二月十三日，中國首都被侵華日軍攻陷，瘋狂的日軍犯下了燒、殺、淫、掠等慘絕人寰的暴行，南京被俘軍民慘遭屠殺者達三十萬人以上，其中被集體殺戮者約十九萬人，被分散殺戮者約十五萬人；日軍大肆姦淫婦女，在占領後的一個月中，發生了兩萬起左右的強姦事件，許多婦女在被強姦後又被殺害；日軍向老百姓搶劫他們所想要的任何東西，無數住宅、商店、庫房、機關都遭侵入和搶劫，他們並且經常在搶劫後把房子燒掉，全市約有三分之一的房屋被毀。」

⑭ 臺灣臺視、中視、華視三電視臺，曾製成「血洗天安門」錄影帶，寫此文時再播放，斑斑血淚，如在眼前，悽慘哭聲，響在耳際。有關北京大屠殺的文字記錄及圖片資料，散在各報章雜誌，輯成專集的，有中央日報出版的《世紀大屠城》(民國七十八年六月二十二日初版)；星島出版社出版的《北京學運——歷史的見證》(一九八九年七月第三版)；香港文滙報出版的《血洗京華實錄》(一九八九年六月十三日第二版) 等，難以枚舉。

⑮ J.B. Namier, *Avenves of History*, Hamish Hamilton, 1952, P.8.

⑯ 《史記》「項羽本紀」。

⑰ 同上。

⑱ Jerome Burne, ed., Chronicle of the World, Chronicle Communications Ltd., 1989.

⑲ H.G. Wells 的 *Short History of the World* 於一九二二年出版，一九八七年 Philip Ziegler 增加材料，推出帶彩色插圖的本子，由 Salem House Publishers 出版。

⑳ 一九七二年由 Oxford University Press 出版。

㉑ 一九八八年由 Oxford University Press 出版。

㉒ 一九八八年由 Chronicle Publications 出版。

㉓ 同⑱。

第五章 一部柔美的歷史

　　有識見的史學家，能寫出一部柔美的歷史。如果矯正傳統史學家的缺失，少爲戰爭渲染，少在帝王卿相、英雄豪傑身上著筆墨，而多寫歷史元氣所在的人羣，寫其生活，寫其演進，寫其純樸善良的一面，那麼歷史的柔美便呈現了。多選擇文明事項，而儘量避開事件的歷史 (event history)，是能寫成柔美歷史的另一途徑。文明事項，其要者如思想的精華，文學、科學、藝術的成就皆是，這一些進入歷史的叢林，歷史自森然茂然，而柔美盡現。

（一）

　　神秘的宇宙，表現出來的是柔美。夜深之際，靜觀宇宙，繁星閃爍，柔美無極。宇宙中點滴的大地，其上有蜿蜒的山脈，曲折的河流，無際的平原，日月照臨其上，萬物生於其間，浩瀚的大海又將其浮起。當風和日麗之時，其美極矣，其柔極矣。風暴的來臨，災難的發生，爲時短暫，無損其整體的柔美。

　　大地之上，人的出現，最饒詩意。人是宇宙最神妙的東西，就像希臘詩人所形容的那樣❶。形形色色的人出現於宇宙間，爲宇宙織成

絢麗壯潤的畫面。人的最大特色，尤其在於能創造歷史。其他萬物，生生死死，如流水，如清風，逝則逝矣。人則能將其奮鬪的往事，長久存留。匆匆數十年的生命，變成數百年，數千年。其聰明智慧，發展到今天，寖寖乎有改變宇宙的趨勢。

人的一部歷史，是否像宇宙那樣柔美呢？

「日出而作，日入而息，掘井而飲，耕田而食」❷，是歷史柔美的畫面；「齊宣王喜文學游談之士，自如騶衍、淳于髡、田駢、接予、愼到、環淵之徒七十六人，皆賜列第，爲上大夫，不治而議論。是以齊稷下學士復盛，且數百千人」❸，也是歷史柔美的畫面。歷史自處處有其柔美。可是由於戰爭與帝王卿相、英雄豪傑扮演最重要的角色，歷史的柔美畫面，比較起來看，就不怎麼顯著了。戰爭差不多霸佔了中外歷史，世人可以清楚看到。戰爭進行中，帝王卿相是最忙碌的人物，英雄豪傑則表演其殺人長技。一次戰爭，千百萬人可能盡成枯骨。屠城、食人的慘劇，接連發生。歷史那有什麼柔美呢？所以不管什麼樣的戰爭，從中國弔民伐罪的王者之師，到西方所謂神聖的宗教戰爭，皆殺氣瀰漫，沒有什麼柔美可言。

法國一位史學家寫及十九世紀上半期巴黎的歷史，指出巴黎這個「聲名狼籍」的地方，是「危險的、不道德的、可怖的」淵藪❹。英國最偉大的史學家吉朋（Edward Gibbon, 1737-1794）也說：「歷史是人類罪惡、愚昧與不幸的記錄❺。」德國哲學家康德(Immaunel Kant, 1724-1804)更不留情的說：「人類歷史的景象，主要是人類愚蠢、蠻橫、貪婪與邪惡的一幅景象❻。」悠悠歷史，柔美云乎哉？

（二）

　　宇宙柔美，而寄託於宇宙之間的人，其歷史不柔美，不是歷史本身的問題，而是史學家的問題。

　　人有善性，也有惡性❼。由於後天的教育，善性擴充，惡性抑制。以致大部分的人是善良的。偶有邪惡之徒，掀起腥風血雨，就像宇宙間偶起風暴一樣。邪惡之徒，有時在草澤之中，而多在廟堂之上。峨大冠，拖長紳者，未必是廟堂之器❽，卻往往自私、貪殘。西方哲學家羅素 (Bertrand Russell, 1872-1970) 論及居高位者云：「當今之世，聰明才智之士，在實驗室中，愚昧之徒，則在高位之上。……整個人類，在愚昧之徒領導與聰明才智之士的天才創造下，正從事自我毀滅的大工作❾。」少數居高位者，邪惡又兼愚昧，其影響所及，每每破壞由絕大多數人歷悠長時間所締造出來的柔美歷史。所以起於草澤的流寇，所到之處，寇掠焚殺，生靈自然爲之塗炭；廟堂之上的私心決定，則禍及天下，流毒更廣。少數居高位者破壞了柔美的歷史（中外聖君賢相對歷史的貢獻，自不可沒），史學家又每將目光集中在歷史不柔美的一頁，血淋淋的描述戰爭，不休止的謳歌英雄。西方史學搖籃的希臘，其歷史作品，描寫戰爭實況者，幾乎佔總數的五分之四❿。希羅多德 (Herodotus, C. 484-C. 425 B.C.) 的《波斯戰史》(*History of the Persian Wars*)，修昔底德 (Thucydides, C. 460/455—? C. 396/8 B.C.) 的《伯羅邦內辛戰史》(*History of the Peloponnesian War*)，錫諾芬 (Xenophon, C. 430-?350 B.C.) 的《內陸挺進》(*March into the Interior*)，都是以戰爭爲名。不以戰爭爲名者，也多寫戰爭。戰爭於是變成希臘史學的重心⓫。西方史學的源頭如此，其流可知。中國的歷史作品，絕少以戰爭爲名，卻以描寫戰爭處最生動，帝王卿相，英雄豪傑，也觸目皆是。中外歷史作品如此，歷史又怎能現出柔美呢？

　　史學家寫成的歷史，所發生的影響極大。歷史前身史詩 (epic)
如荷馬 (Homer) 的《伊立亞德》(Iliad) 所創的典型英雄人物亞奇
里斯 (Achilles) 及亞加門諾 (Agamemnon)，為世界帶來無窮困
擾，以後所有劣史學家從荷馬所學者，為渲染此類英雄人物的事蹟，
而促成戰爭的不斷發生❷。歷史的影響，比史詩更直接。「讀殖民史，
則馳心於遠略；讀戰爭史，則極意於爭雄；讀外交史，則務誇縱橫捭
闔之能；讀商業史，則醉心經濟侵略之策。史能轉人，而人不能轉
史，世界之禍，遂窮慘極酷，幾於不可收拾矣❸」。歷史能轉人，內
容不同的歷史，所發生的影響迥異。史學家所寫者，如盡為血腥的戰
爭，揮戈的英雄，縱橫捭闔之術，陰險詭異之計，其影響將如何呢？
「讀項羽之破王離，則鬚眉皆奮而殺機動；覽田延年之責霍光，則膽
魄皆張而戾氣生；與市儈里魁同慕汲黯、包拯之絞急，則和平之道
喪；與詞人游客共歎蘇軾、蘇轍之浮夸，則淳篤之心離；諫而尚譎，
則俳優且賢於伊訓；謀而尚詐，則甘誓不齒於孫吳；高允翟黑子之
言，只以獎老姦之小信；李克用三垂岡之歎，抑以侈盜賊之雄心；甚
至推胡廣之貪庸，以抑忠直，而愜鄙夫之志；伸馮道之逆竊，以進夷
盜，而順無賴之欲；輕薄之夫，妄以為慷慨悲歌之助；雕蟲之子，喜
以為放言飾說之資。若此之流，允為殘賊」❹。歷史而流於「殘賊」
之篇，由此而「人心以蠱，風俗以淫，彝倫以斁，廉恥以墮」❺，歷
史又怎有柔美的可能呢？

（三）

　　「歷史是史學家寫出來的」❻。史學家寫出柔美的歷史，發展中
的歷史，才有臻於柔美的希望。

新舊《唐書》記載盛唐的景象云：

「海內富實，斗米之價，錢十三，青齊間斗纔三錢，絹一匹，錢二百，道路列肆，具酒食以待行人。店有驛驢，行千里不持尺兵。」[17]

「垂髫之倪，皆知禮讓。戴白之老，不識兵戈。虜不敢乘月犯邊，士不敢彎弓報怨。康哉之頌，溢於八紘。」[18]

詩人杜甫直接的回憶則云：

「憶昔開元全盛日，小邑猶藏萬家室，
稻米流脂粟米白，公私倉廩俱豐實。
九州道路無豺虎，遠行不勞吉日出。
齊紈魯縞車班班，男耕女桑不相失。
宮中聖人奏雲門，天下朋友皆膠漆。
百餘年間未災變，叔孫禮樂蕭何律。」[19]

數者將盛唐時代富庶、太平、風俗醇美的柔美畫面，完全呈現出來了。讀史至此，眼前一片美景，心中一片寧靜，自油然而興嚮化之念了。

美國史學家哈里斯（Marvin Harris）在其《巴西的城鎮和鄉村》（*Town and Country in Brazil*）[20] 一書中描述一個被遺忘的巴西小鎮，鎮名叫做 Minas Velhas，在那裏，街道是平整的，房屋排列在街道兩旁，大體上很乾淨。居民穿戴體面，學校裏的孩子們穿著白裙子和藍短褲。有一座石橋，和一處中心廣場。廣場上有一座

石砌的教堂，漆著金色、白色和藍色。小鎮的榮耀之處和夜晚散步的地點，是由若干正規的花園組成的公園。一些糧食、蔬菜、水果、粗糖和白蘭地酒的零售商，整日坐在椅子裏，被認爲是快樂之人，顧客、閒話以及整個小鎮的運轉，都滙集到他們那裏。居民只有一千五百人，二百年以來，沒有什麼變化。這是在現在發展中的巴西城市所絕難看到的㉑。雖然極爲荒涼，與現代的繁華城市，絕相殊異，但是在史學家的筆下，卻現出其柔美。

英國史學家費雪 (H.A.L. Fisher, 1865-1940) 在其大著《歐洲史》(*A History of Europe*) 中描述意大利學者的生活云：

「在優閒自由的空氣中，學者的生活能受人尊敬。從前只知有君主與將軍的世界，現在人們認識了另一類人，他們的周圍都是書籍與文獻，過的是靜寂的文化生活。人文主義者尼可羅德尼可里尼 (Niccolo de' Niccoli) 擁有八百種手蹟的圖書館係佛羅稜斯 (Florence) 榮譽之一，這裏有維斯巴辛諾 (Vespasiano) 對他的生活寫照：『第一他的外表端正和悅，往往笑容可掬，措辭溫雅；他穿著曳地的大紅長袍；他從未結婚，因此可以專心研究，不受妨礙，一個管家的替他準備日常需要；他在飲食與起居方面，處處表示清潔大方。當他坐在桌旁的時候，他從古代的器皿用膳，桌上陳設滿是美麗精緻的瓷器。他的酒杯是水晶的，或是其他珍貴的寶石。望著這位典型老人用膳，實在是一個有趣的鏡頭。他總是喜歡他的餐巾和抬布等物整潔無比。也許有人會對他的珍貴器皿表示欣羨，我的回答是雖然以前很看重這些東西，現在卻改變觀點了，旣然

有朋友自各方來，他就有所餽贈，不論是大理石塑像，或
古代的花瓶、木刻、石刻、名畫，以及嵌鑲的家具等等。
他有一幅最精美的地圖，繪著世界各地的城市，意大利和
西班牙的當然也在裏邊。佛羅稜斯找不出第二家比他裝潢
更美的或更雅緻的陳設，因此到那裏去拜訪的人，都會感
到無限高尚的樂趣。』」❷

　　史學家於君主與將軍的世界以外，增添了學者的世界，描述學者
在悠閒自由的空氣中，過著靜寂、高雅的生活，這是極為柔美的歷史
畫面。與希臘史學家波力比阿斯 (Polybius, C. 200-118B.C.) 所描
述的迦太基與羅馬之戰，「雙方接上手後，羅馬軍隊向前猛攻，齊聲
廝殺，以劍擊盾，造成喧天聲海。迦太基的傭兵們卻亂吼亂叫，令人
不忍卒聞」❷，兩者相比較，一柔美，一慘酷，其影響自有天淵之別
了。

　　史學家於歷史柔美的畫面，多著筆墨，以後人類歷史的受益，非
筆墨所能盡述。而且整個衡量起來，歷史的柔美畫面，多於醜惡畫
面。只是史學家在柔美的畫面上，往往幾筆帶過，而在醜惡畫面上卻
大事渲染。十九世紀上半期的巴黎，必有其光明的一面，在史學家的
筆下，就變成「危險的、不道德的、可怖的」淵藪了。宮庭的黑暗，
權力階層的鬥爭，以及國家民族間的仇恨，史學家寫出來的，令人髮
指，大多數人的善良，國家民族間的真正友誼，卻不見了。衛青、霍
去病絕大漠，封狼居胥山，是漢武帝伐匈奴戰役中的英雄人物，其功
確不可沒，可是從漢初天下殘破的局面，發展到漢武帝即位後可以北
伐匈奴的局面，又豈是一二人的功勞？史學家為了吸引讀者，為了顯
露其描述才華，喜在激動處及黑暗面奮筆，於是歷史就真變成「人類

罪惡、愚昧與不幸的記錄」了!

(四)

今後的史學家,必須在選擇歷史事實方面,作一番極大的改變:

以描繪戰爭吸引讀者的時代,應當讓其過去。戰爭離不開歷史,卻必須使其扮演次要的角色。揭示戰爭的慘酷,以與歷史的柔美相對比則可。渲染戰爭,使戰爭佈滿歷史霸佔歷史則不可。盡是戰爭的歷史,歷史之有,不如其毀滅淨盡。

煊赫歷史已久的帝王卿相、英雄豪傑,該是退出煊赫地位的時候了。歷史的締造,是極大多數人的功勞;歷史的元氣,存在於不在高位的多數人的身上。連篇累牘都是帝王卿相的故事,英雄豪傑的故事,歷史的公平何在?所以史學家於帝王卿相、英雄豪傑以外,應多選擇其他有眞性情眞貢獻的人物,使其進入歷史,尤其應當將目光放在人羣上。人羣怎樣生活,怎樣思想,怎樣演進,歷史以適當的篇幅介紹,歷史的價值,就眞可連城了。

中國發展已久的「隱惡揚善」的史學傳統,今天仍有提倡的必要。歷史上的善與惡相比較,善是多數,惡是少數。可是由於少數的惡被宣揚,多數的善反被掩沒。以我們今天爲例,報紙上所見者,滿目皆是貪污事件,暴戾事件,像是我們正處於一個貪污流行、暴戾叢生的時代。實際上,我們社會上有多少人奉公守法,一介不取?有多少人謙虛禮讓,和平爲懷?這些絕大多數,報紙置之不理,而專門揭發貪污、暴戾事件,唯恐其不盡。千秋後我們的歷史,可能就這樣被固定住了。這眞是所謂千秋的遺恨了!因此史學家應知衡量,衡量於多數與少數之間,衡量於善與惡之間。揚其善者,以增添人類的文

明。其惡者，如不嚴重，以隱去爲適宜。大奸大惡，則必須使其存留於歷史。懲殘賊以爲萬世戒，胥繫於此。不將屠夫希特勒、史丹林、毛澤東、鄧小平留在歷史上，以作懲戒，歷史那有柔美的一天？

多選擇文明事項，是一個必須採取的標準。文明事項，包括甚廣，其重要者，如人類在時間的演進中，不時獲得的新知 (new things) 與精神上的新境界，皆最值得選擇。於是思想的精華，文學、科學、藝術的成就，就必須進入歷史的叢林了。希臘史學家修昔底德在其《伯羅邦內辛戰史》一書中，借伯里克里斯 (Pericles) 之口，寫出自己親自見到認識到的雅典，於是一篇洋洋灑灑數千言的〈伯里克里斯葬禮演詞〉(The Funeral Oration of Pericles)問世，於是一個愛好美麗，愛好智慧，而且民主自由，寬容和平的城邦，呈現在世人眼前，這對希臘以及整個人類的歷史，該有多麼優美的影響呢？「政權在全體公民手中，而不是在少數人手中」；「每個人在法律前面，一律平等」；「在我們私人生活中，我們是自由和寬恕的，但是在公家的事務中，我們遵守法律」；「我們愛好美麗的東西，但是並不因此奢侈；我們愛好智慧，但是並不因此柔弱」；「我們每個公民，在許多生活方面，能夠獨立自主，並且在表現獨立自主的時候，能夠特別地表現溫文爾雅和多才多藝」❷。今天看起來，仍令人羨慕不已。

法國年鑑學派 (The Annales School) 史學家反對傳統事件的歷史 (event history)，認爲獨一無二的事件，一天開花，然後就凋謝，絕不會再被人們抓在手裏❷；一場戰爭，一次政治家之間的衝突，一篇重要的演講，一封關鍵性的信函，都是歷史的瞬間片刻❷。事件的歷史，確是如此。今後史學家如能在事件的歷史以外，注視歷史的時勢，歷史的潮流，以及歷史所呈現的整個景象，選擇相關的大量史實以作基礎，那麼歷史將由平面到立體，其整體的柔美，自不期

然而姗姗展現。

註　釋

❶ Sophocles, Antigone, II, 332–333.

❷ 「擊壤歌」，收入沈德潛選《古詩源》。

❸ 《史記》卷四十六「田敬仲完世家」。

❹ 參見 Fernand Braudel, *On History*, Translated by Sarah Mathews, the University of Chicago Press, 1980, p. 150

❺ 參見 C.V. Wedgwood, *Truth and Opinion*, 1960, p. 32.

❻ 轉引自 R.G. Collingwood, *The Idea of History*, 1946, p. 101.

❼ 自孟子倡性善論、荀子倡性惡論之後，中國不少學者討論人性善惡的問題。西方學者也有這方面的爭論。確定的結論，難以得到，人性中有善有惡，卻是可以理解的。

❽ 劉基＜賣柑者言＞一文云:「今夫佩虎符，坐臯比者，恍恍乎干城之具也，果能授孫吳之略耶? 峩大冠、拖長紳者，昂昂乎廟堂之器也，果能建伊臯之業耶? 盜起而不知禦，民困而不知救，吏奸而不知察，法斁而不知理，坐縻廩粟而不知恥。觀其坐高堂，騎大馬，醉醇醴，而飫肥鮮者，孰不巍巍乎可畏，赫赫乎可象也? 又何往而不金玉其外，敗絮其中也哉。」(見劉基《郁離子》)

❾ Bertrand Russell, *History As An Art*, Hermon Ould Memorial Lecture, 1954, the Hand and Flower Press, p. 20.

❿ Arnold Toynbee, *Greek Historical Thought*, 1952, p. xii.

⓫ A.D. Momigliano, *Studies in Historiography*, Weidenfeld & Nicolson, 1966, pp. 120–121.

⓬ A.D. Momigliano, "Some Observations on Causes of War in Ancient Historiography", in Studies in Historiography,

p. 113.

⑬ 柳詒徵《國史要義》「史術篇」。

⑭ 王夫之《讀通鑑論》卷末「敘論三」。

⑮ 同上。

⑯ David Thomson, *The Aims of History*, Thames & Hudson, 1969, p. 50.

⑰ 《新唐書‧食貨志》於天寶五載下如此云。

⑱ 《舊唐書》「玄宗本紀」。

⑲ 《杜少陵集》卷十三「憶昔」詩。

⑳ Marvin Harris, *Town and Country in Brazil*, Columbia University Press, 1956.

㉑ 參見 Fernand Braudel, "In Bahia Brail, the Present Explains the Past", in *On History*, translated by Sarah Matlthews, the University of Chicago Press, 1980, pp. 165-175.

㉒ H.A.L. Fisher, *A History of Europe*, Edward Arnold & Co., 1936, pp. 451-452.

張致遠師所編的《西洋通史》(三冊，民國四十二年由中華文化事業出版委員會出版)，主要根據該書。本譯文參考了張譯 (見頁486～487)，惟略作文字上的變動。

㉓ Polybius, *The Histories*, translated by Evelyn S. Shuckburgh, Indiana University Press, 1962.

㉔ Thucydides, *History of the Peloponnesian War*, Book II, translated by Rex Warner; 中譯有謝德風的譯文，今據之，略作潤色。

㉕ Fernand Braudel, *On History*, translated by Sarah Matthews, the University of Chicago Press, 1980, p. 67.

㉖ Ihid, p. 10. 上引之書，中文譯本: 布勞代爾著，劉北成譯，《論歷

史》，五南圖書出版公司，民國七十七年十二月初版。本文引及布氏之
說，英譯本外，亦參考劉譯。

第六章　史學往那裏走？

— 中華民國史料研究中心第一三三次學術討論會紀實

　　中華民國史料研究中心第一三三次學術討論會，於七十八年元月十一日（星期三）下午三時至五時，假臺北市中正紀念堂文物展示簡報室舉行，由中國國民黨黨史委員會李副主任委員雲漢先生主持，特邀請杜維運教授主講「史學往那裡走？」專題，杜教授爲史學方面權威，在香港講學多年，今年返國，在政治大學任客座教授。本次討論會出席者有國史館朱館長滙森、政大閻沁恒教授、中研院近史所劉鳳翰研究員等八十餘人，座談紀錄經整理發表如文。

——編者

李雲漢先生：

　　今天這個學術討論會應當是中國國民黨中央黨史會秦主任委員孝儀先生來來主持的，秦先生本也準備好要來主持，但臨時有事，要我向各位，尤其杜教授、朱館長致歉，今天他不能來，我代表他來主持這個會。今天主講人講完，諸位先生女士發言之後，最後是要請朱館長來做結論。今天請到杜教授來主講，我個人站在史料研究中心負責人的立場是感覺很大的光榮。杜教授的學問、道德不必多講，在座各位都很清楚，我個人對杜教授的風格、人格是深深感到欽佩。我也要很坦誠的講，在研究史學方面，我們山東人很多，在這當中杜教授是一個很好的榜樣，今天不需要對杜教授多做介紹，我只是把個人的感受第一次向杜教授提出，也是

第一次向朱館長、各位先生同仁在這裏提出來。

現在就請杜教授維運兄開始講演。

杜維運先生：

朱館長、諸位女士先生：今天非常榮幸也非常高興來這裏做一個
報告，不敢說是演講。來參加者有些是老朋友、有些是新朋友。
剛剛李教授對我的恭維，我只能感激，但不敢承當，今天所要提
的只是一點淺見，請各位多多指教。

今天我的題目是「史學往何處走？」談這個題目一定要回到歷史上
去，從上古時代談起。中國歷史上，往往出現危機的時代，當危
機時代來臨時，國家處於風雨飄搖之中，民族瀕於萬刧不復邊
緣，甚至於整個人類可能旦夕間淪於與禽獸爲伍。在這危機關
頭，能夠挽救危機的，只有史學。史學是一種人文學，人類文化
跟文明之所繫。理想的史學能夠將人類的文化大量的保存下來，
同時能夠促進人類的文明，所以一般看到的大思想家領導時代，
實際上，大思想家往往同時是大史學家，他最低限度要有一個史
學基礎，有一個從過去、現在以遠瞻未來的廣濶胸懷。人類若沒
有過去，就沒有現在，就沒有未來。沒有貫串過去、現在的軌
道，那麼我們如何來找將來要走的路呢？所以領導時代的大思想
家，往往是大史學家。

「天不生仲尼，萬古如長夜。」中國最偉大的思想家孔子帶中國
從黑暗走向光明。

孔子「刪《詩》《書》、訂禮樂、贊易傳，據魯史作《春秋》。」在這
幾項當中，功在萬世的是寫《春秋》這部書，這就是孔子以大思想
家寫影響中國歷史最大的一部史書。孔子寫《春秋》，一方面「信

以傳信，疑以傳疑」，一方面有積極的救世目的。這可從孟子、董仲舒春秋三傳的解釋來瞭解，孟子所說：「昔者禹抑洪水而天下平；周公兼夷狄、驅猛獸，而百姓寧；孔子成《春秋》，而亂臣賊子懼。」「世衰道微，邪說暴行有作，臣弒其君者有之，子弒其父者有之。孔子懼，作《春秋》。」董仲舒所說：「《春秋》上明三王之道，下辨人事之紀，別嫌疑，明是非，定猶豫，善善惡惡，賢賢賤不肖。」《春秋公羊傳》所謂：「《春秋》爲尊者諱、爲親者諱、爲賢者諱。」「《春秋》內其國而外諸夏、內諸夏而外夷狄。」都說明孔子作《春秋》有其積極的目的。因爲孔子所處的時代，是一個危機的時代，封建制度的重心周天子失去權威，諸侯紛爭，霸主取代了周天子的地位。一個統一的上下有序的局面改變了。諸侯之間經常有戰爭，弒君的事件時有所聞，甚至於連子弒其父的事件也發生，加上南夷北狄交侵，這眞是一個危機重重的局面，所以孔子要寫《春秋》這部書，他的目的：一是尊周王、明王道。把《春秋》大一統之義放到裡面去，同時要維持中國之命運，所以要內諸夏而外夷狄，夷夏分得很清楚；他進一步要維持人類的文明，所以懲惡而勸善。由此看《春秋》這部書所寫的可歸納兩個大方向，一是《春秋》大一統之義，即要維持一個統一的局面，二是要維持人類的文明，再加上維持中國的國運。孔子的目的有沒有達到呢？沒有問題，他的目的是達到了。他的積極救世目的，使中國從黑暗到光明，使大一統的局面到秦漢時再現，使人類從禽獸的邊緣恢復到文明，所以孔子寫《春秋》，使中國局面能出現秦漢的統一，以及中國的屹立不搖，孔子這部書關係非常的大。

繼《春秋》而寫歷史的是太史公司馬遷的《史記》，這是一部閃爍中外的史學大著，一般人看到的往往不能看到他眞正的價值所

在。其眞價值是繼《春秋》來寫一部中國統一的歷史，而使中國
的地位屹立不搖，我想這一點他在史學上，尤其對於中國歷史是
最大的貢獻。《春秋》畢竟是太簡單了。《春秋》的微言大義是
後人的解釋，未必完全是孔子的意思，同時他只寫二百四十二年
的歷史，到了《史記》，他是寫黃帝到漢武帝時代的歷史，將近
三千年，其空間範圍是一個廣大的中國，旁及所知的外族，所以
這部書出來之後，中國從黃帝以來，歷史是怎麼發展的，國人瞭
解很清楚。中國人就生存在歷史之中，中國從黃帝之後這個局面
一直延續下來。所以這種能維繫且讓大一統的觀念存在中國人心
中，《史記》這部書貢獻很大。所以《春秋》大一統之義，太史
公完全接受，同時他也懲惡而勸善，繼承《春秋》維持人類文明
的這方面。從《史記》當中很明顯的看出，第一個列傳卽「伯夷
列傳」：「伯夷、叔齊首陽高餓、恥食周粟。」事情非常簡單，爲
甚麼太史公把伯夷放在第一個列傳，他有積極的目的，爲的是要
表彰有氣節的人物。同時他對眞正有貢獻的歷史人物他都爲他們
立傳；在懲勸方面，太史公是繼承《春秋》之後，因此若說沒有
《 史記 》這部書，中國歷史究竟會怎麼發展下去實在很難講，
《史記》在維持中國大一統局面和維持人類文明方面應當是貢獻
非常大。太史公寫《史記》是處在漢的盛世，不應當說是在危機
時代，可是若從司馬談、司馬遷的意識型態來瞭解，他們像是還
在危機時代之中，因爲從獲麟之後，司馬談講這四百年左右仍然
是諸侯兼併時局混濁的時代，所以他痛哭流涕讓兒子把《史記》
這部書寫成，所以《史記》繼《春秋》寫成而富有春秋史學之特
色，這一點應是很清楚的。

再者，東漢史學家班固寫《漢書》，是斷代爲史。班固以斷代爲

史的方式讓後代極大多數史學家模仿而寫歷史。這樣中國一朝一姓亡了，中國歷史亡不了，各朝各代都有很詳細的歷史存下來。同時，幾乎所有斷代史都有一共同精神：就是把學術上有成就的，文章寫得好的，行爲很高超的，很有風節的人物通通寫進歷史裏，讓他們名垂靑史。一切行爲鄙劣的人，尤其大奸大惡，同樣讓他留在歷史裏面，因此歷史的懲勸作用在這些斷代史亦承擔了很大的責任。中國歷史就這樣不斷的發展下來，能夠在分裂之後，又能夠恢復統一的局面，能夠不用宗敎像西方，而利用歷史，來維持人類的文明。

中國歷史上到另一危機時代，是從唐天寶之亂後算起到亂五代時期。因爲天寶之亂藩鎭割據，尤其是河北的藩鎭，在大河以北之處，藩鎭軍閥統治一百五十年之久，學術文化急速倒退，退到何種程度呢？退到最低點，有的秀才不知道周公孔子是甚麼人物，那種文化簡直無法形容。所以王船山形容這時期所謂：「士民無清醒之氣。」卽數百年數千里之區，士民無清醒之氣。河北的環境如此，其他環境差不了太多，所以唐朝從天寶之後進入非常亂的時代，到五代時期更已到了很難收拾地步。這個難收拾是因天下分裂已久，同時人類的文明水準急劇下降，下降至很多人鮮廉寡恥。以馮道爲例，馮道歷事五朝八姓十三君，如果以人格言，是隨風倒的小人，可是馮道在五代時期聲望非常高，一些武夫誰都不怕，就怕馮道，對他必恭必敬，而一般人所羨慕的、所景仰的也是馮道，把他封爲長樂老，把他比之當時的孔子，孔子活七十三歲，馮道也活七十三歲，眞巧。這樣的一個人，如此受盡當代人的尊敬和讚美，表示那是個文明有問題的時代，所以必然要有史學家出來矯正。所以歐陽修的《新五代史》，司馬溫公的《資治通

鑑》應運而出了。歐陽公寫《新五代史》是完全效法《春秋》來寫，他把那些亂君原形透露出來，由外族做皇帝的，由土匪做皇帝的，都從頭寫起，原原本本的透露出來，這也是中國史學家懲惡勸善的利器，把所有的行為清清楚楚寫出來，想逃都逃不了。如果看薛居正《舊五代史》，那些帝王都變成神聖的帝王，到《新五代史》卻變成另外一種樣子。中國正史當中沒有一部書有雜傳的，只有《新五代史》有雜傳。因為在梁唐晉漢周五朝，很少有人是為一朝做事情的，像晉臣、周臣每一朝只有兩三個人是完全只在一朝代做事情，有的是做了三朝、四朝甚至五朝，歐陽修沒有辦法，只好立了雜傳，雜傳人數有一百四十五人，說明這個時代極大多數人都是隨風倒的小人。歐陽修在論贊或序中，喜歡用「嗚呼」這兩個字，本來寫「論贊」在一開頭是不該用「嗚呼」兩個字，但是因為他是寫亂世之書，他先嘆一口氣再寫，所以其實不是「贊」而是「嘆」。可是在寫到一百四十五位雜傳時，歐陽修沒有對任何人用「嗚呼」兩個字，這說明連嘆都不要嘆。討厭一個人、批評一個人，表示還不太討厭，到了最討厭時是連提都不要提，所以歐陽修對那一百四十五個雜人，連嘆都不要嘆，這說明歐陽修的《新五代史》，雖受盡後人批評，認為不應當這樣寫，但如果站在宋初的地位而言，他這樣寫是為了挽回人類的文明。司馬光寫《通鑑》，他取材有一標準：專取關國家盛衰，繫生民休戚，善可為法，惡可為戒者，這說明他是有善惡的標準。所以在馮道死的那一年，司馬溫公把《新五代史》歐陽修評論的那一段話，抄在下面（即《通鑑》裏面），且在「臣光曰」當中又發揮了一番，來給馮道做一定論，說明這是鮮廉寡恥的小人，《新五代史》和《通鑑》，其撰寫是有文明意識在其中，即是要挽回天寶之亂到

新五代時期人類文明的淪落。另外，就是統一的意識；從天寶到五代中二百五十年之久的歷史，中國陷於分崩離析的局面，司馬溫公寫《通鑑》，倡「尊君」、提倡「忠」、「擁護中央政府」，這是要維護大一統的局面。所以《新五代史》、《通鑑》這兩部書仍然在《春秋》大一統之義和《春秋》懲惡勸善、維繫人類文明的範疇裏。中國歷史從唐五代到宋，在文化上、文明上是一個很大的轉機，宋雖弱，但文化文明皆超乎盛唐，史學家在這時應當是發揮了很大的力量。

再往下發展，另一個危機時代，應當是明亡，清政權的建立。明政權之亡無甚麼可惜的，因為晚年政治實在糟到極點，但是代替明朝的是外族，以外族統一中國，這是一件大事，所以清初是一個危機時代的來到，明末清初的遺老，像顧亭林、黃梨洲、王船山，他們雖然置身在草野之中，但他們要提倡學術，尤其是提倡史學來挽救中國，所以清初的第一流學者提倡新的學術，重心都放在史學上。《日知錄》、《讀通鑑論》，這兩部書可以說是新的中國通史，討論從上古到明代歷史上重大的問題。且其重點有二：一是嚴夷夏之防，王船山所謂：「天下之大防二：夷狄華夏也，君子小人也。」外族與華夏要分清楚。二是維持人類文明，將重點放在人心風俗上，振人心，挽風俗，導人類至文明地步。王船山認為治與亂相循環，天下統一則治，分離則亂，由亂到治，往往經百年到數百年，而治亂之關鍵在人心風俗。如果人心風俗一動，天下則永遠不會太平，《春秋》維持名教之義，到風俗人心論出來，這應是最徹底的名教論了。

到了我們這個時代，中國遭遇到有史以來最危機的時代。先從外患看起，中國歷代都有外患，但是今天面臨的外族，遠不如匈

奴、突厥、契丹那麼容易應付，因為現在的外族，不但軍事力量
強大，同時有很高的文化背景。人人能看到英、法、日、俄等國
的軍隊像排山倒海過來，卻往往看不到西方輸入的新學說能瓦解
中國於旦夕之間；可以看到的是馬列學說，把中國弄到今天這樣
子，但是禍中國者，又豈只馬列學說呢？這僅是外患。再看內
憂，可以看到的內憂，其可憂者小；看不到的內憂，其可憂者
大。我感覺五四運動發生，新潮人物用尖酸刻薄之筆調，來詆毀
中國文化和文明時，我個人的感覺像是大洪水的來臨，這種感覺
在我年幼時就有，十幾歲時讀這時期作品就甚感疑惑，為何會有
這些作品出來？這些作品簡單而言；就是要打倒孔家店，燒燬線
裝書，把中國歷史當作吃人的歷史，把維持社會的禮教，當成吃
人的禮教。不學無術的吳虞，曾寫過一篇〈吃人與禮教〉，居然
能紅遍天下，我感覺無法瞭解，為甚麼會如此。要廢除漢文，理
由是要消除中國人野蠻的、幼稚的、頑固的思想。這是錢玄同的
論調。要提倡新文學，就認為中國二千年以來只有死的文學，只
有沒有價值的死文學。整理國故目的是為了「捉妖」「打鬼」。以
至於全盤西化論者，認為中國文化通通不好，這種論調我個人感
覺是荒謬偏激到極點，不僅如此，這些作品都是用最苛毒的文字
表達出來，文章中之溫柔敦厚之氣完全沒有了。近數十年來，學
術文化界可以說充滿暴戾之氣。以罵人起家的馬列主義者不必講
了，臺灣亦不清靜，暴力的文章、罵人的刊物，最能風行，以至
於立法院要演全武行，要在全世界人的眼前出洋相。所以從五四
以來學術界那種謾罵暴戾風氣形成後，立法院之表現則是結果不
是原因。學術文化界如此，立法機構如此，整個社會風氣又怎能
優美呢？這些都涉及到人心風俗的問題，其他可不憂慮，最值憂

慮的是人心風俗日靡。這可分兩方面來論；先看中國大陸，四十年來之統治，使中國人心風俗之敗壞到了最低點，一般中國人傳統之美德差不多是不見了。清算鬥爭的習氣、貪婪猜忌的心理相當流行，由極貧到極貪，中國人從來沒有那麼貪得無厭過。我們的大陸同胞那麼貪得無厭，是因為太窮所致，所以光復大陸最大問題是，怎麼樣來把人心風俗加以挽回，我想這是比五代時期還要嚴重得多。再以臺灣而言：四十年的經濟起飛，這是創了奇蹟破了歷史的紀錄，我們的富庶，我們的繁榮，在中國的歷史上是找不出來。文景之治，貞觀、開元之治，如果與臺灣這段時期比較，似有不如，所以這是創立了歷史上紀錄，可是我們精神文明步調趕不上，以至於種種問題發生，經濟發展的同時應當與精神文明的步調相互配合。可是經濟文明發展太快，精神文明發展太慢，或者沒有發展。朝野上下很好的積極進取精神，舉世欽佩，但是發揮到交通上就是橫衝直撞，像是趕死亡約會一般。理想的自由民主政治，發揮到議會上，盡是叫罵胡扯，議員的風度還不如西部武打人物。很重要的中國人的美德：禮讓、和平、容忍、寬恕都像是不翼而飛，代之而起的是度量狹小變成特色。現象如此，中國的前途在那裏呢？我們要怎樣挽救中國目前的命運呢？我們希望有大思想家出來領導。但是大思想家何處去找呢？有一條救中國的路，即用史學來救中國，這亦是今天所要談的正題。今天我們的史學面臨空前未有的挑戰，晚清西方史學輸入到中國來，由於其有軍事、政治、經濟的強大後盾，幾乎就把中國的史學完全吞掉。目前史學的西化非常危險，處處要向西方史學學步，史學界總要以西方史學當靠山，《春秋》大一統觀念的被拋棄，名教的觀念、文明的意識被認為是落伍。考史而不寫史是一風

氣，做專題的研究而不做貫通性的研究，是一普遍現象。中國史學會走到那裡去呢？

在西方史學向中國湧來的今天，我們應當以寬宏胸襟來接受，不應當排斥，這是一個大的前提。以我個人言是反對史學的全盤西化，我也不贊成史學故步自封，自詡中國的史學已盡天下之美善，我想史學上很大的工作應是做中西史學的比較，比較史學在今天應當是一項很重要的工作，同時融合中西史學應當是我們最後的一個目標。在接受、融合西方史學時，不要放棄中國史學的特色，不要完全失去中國史學，尤其不應當失去《春秋》大一統之義，和用歷史來維持人類文明的功能這兩方面。中國歷史能綿綿發展，靠《春秋》大一統之義，分裂後能統一，亡於外族之後能再復興。西方是用宗教來懲惡勸善，中國是用歷史來代替宗教而懲惡勸善，中國歷史在這方面發揮了他的功能，同時維持人類文明的功能亦使中國歷史發展能到一個水準。這兩方面今後的新史學一定要維持。可以接受融合西方史學，但不應失去中國立場，不應當放棄用歷史來維持人類的文明，人類寫歷史最大目的是希望人類往後更文明。英國史學、法國史學、美國史學、德國史學都是西方史學，但各個史學都有它特殊的精神，我們在融合西方史學時，不妨保持中國史學的特色。今後我們史學應走雙軌，即兩條軌道，從大方向言即是「會通古今，權衡中外」，這是大雙軌，中國的、西方的、古代的、現代的，不要偏廢。我們要考史，同時要寫史，這兩者應是不能離開之兩條軌道，有人贊成寫史就反對考史，這是絕對錯的，歷史要寫好，一定要經過考據的階段，不然歷史寫不好，寫得再美再善，但是假的。沒有經過嚴格考據不能成為真善美的歷史，所以考證歷史在中外是永遠

不能廢。但只是考史而不寫史，這是很大錯誤，若一生只作幾篇
考據文章，這也是一種貢獻，因為史學家的才力能力有限，但若
當一種口號，只讓史學界的朋友考史而不寫史，那就錯了。做
歷史研究可以藏到一小角落做得很徹底，做得很仔細，貢獻亦不
小，但大家都如此，歷史怎樣辦？整個潮流應當是考史和寫史並
重，這是兩條並行的軌道。在乾嘉時代是考史最盛的時代，史學
家差不多畢生精力放在考史裏，很有貢獻，很有成績，**乾嘉時代**
可以這樣作，但若每一個時代史學家都這樣，中國就沒有歷史可
讀了。所以要有宋代史學，也要有清代史學，由清代史學到民國
史學，應當走從考史到寫史的雙軌，重視史料採用科學的治史方
法，同時不忘名教觀念、文明意識，這樣真的歷史與善的歷史才
能結合，才能雙成其美。所以最受批評的《春秋》，為尊者諱、
為親者諱、為賢者諱，認為孔子為甚麼不寫真歷史而要諱，但若
站在文明的立場來看，孔子絲毫沒有錯，老父有過失，可由任何
其他公正人士來寫，若由兒子來寫，這就有傷文明，所以不為親
者諱，那就是清算鬥爭，可能就演成子弒其父的事件了。我們要
有世界的觀念，但也不能忘記中國，因為現在還沒到世界大同之
地步，還是要以國家為起點，擴展到世界。專題研究要做，不做
專題研究，沒有深度，亦無法進到歷史裏面去，但是貫通性的研
究，寫貫通性的歷史，同樣是非常的需要，因為這樣可以見歷史
之大，三千年歷史能做多少專題？若太史公只做專題，不寫貫通
性的史記，我們怎麼能瞭解中國古代三千年之歷史發展，專題研
究與寫貫通性歷史兩者同樣重要。兩者是雙軌，假若有一部能夠
使中國團結，能維持文明，同時相當可信的歷史出現，那麼中國
的危機時代就過去了。

李雲漢先生：

非常感謝杜教授精闢的講演，從我們傳統最早的史學——《春
秋》，一直到現在，給我們一個非常清楚明晰又有見解的基本看
法，我與在座各位一樣，獲益非常多，再次謝謝杜教授。

杜先生說：他只有一小時講演，我要負這個責任，我的意思是要
多留一點時間讓大家向杜先生請教，杜先生講完，實際上意猶未
盡，我們還有若干問題要來向杜先生討教，實際是兩個小時。現
在請大家藉這很難得的機會提問題向杜先生討教。

不過在大家還沒講話之前，我想有兩位先生在這裏是應當先講話
的，一位是劉鳳翰教授，一位是閻沁恒教授。閻教授坐得很遠，
我還是看到他，我想請閻先生先休息一下，請從香港回來不久的
鳳翰兄先講，然後再請跟杜先生是臺大同學，同樣是留英，而現
在是政大同事的閻沁恒先生準備，先請鳳翰兄發言。

劉鳳翰先生：

應該先讓閻先生講，閻先生跟杜先生是同班，我是小老弟，但既
然請閻先生休息一下，那我就僭越。

我跟杜先生亦師亦友，我在臺大唸書時，杜先生是研究生，後來
做我們系的助教，但我們住宿舍時是頭頂頭，後來他當講師，我
進中央研究院，我們還是頭頂頭睡了好幾年。今天杜先生已成為
現代教中國史學史、史學方法論的第一人了。杜先生今天就是運
用他中國史學史的知識，和史學方法論來做這場演講。大家可能
不知道；杜先生在沒去香港之前，在臺灣是一位很有名的教授。
那時候杜先生寫了一本《中國文化史》當做高中教科書，就是他

今天所講的這些，這本書有些高中歷史老師看不懂，杜先生今天講的亦很深，若不是歷史系科班出身，聽起來亦很費勁。當時有高中老師知道我跟杜先生很好，打電話來聯繫，抱怨這本書文字都看不懂。另外，杜先生有一點是擇善固執，譬如：杜先生對考史、寫史（卽專史和通史）方面，三十幾年來我們常有爭論，記得有一次在中山大學，召開「孫中山先生與近代中國學術研討會」的時候，他把現在中研院史語所、近史所稱爲新考據學派，認爲都在搞專題、搞考據，沒有搞通史，引起大家的爭論，我當時亦是準備爭論的一個，但沒派上用場，給李定一先生壓下去了。杜先生到今天還是這種說法，我跟杜先生私下亦談論了很多這樣的問題。在某些地方，「專題」實際亦是一種通的東西，譬如談抗戰史，它整個是一個通史，不是專史，但像我談「武漢保衞戰研究」，這倒是專史，但整個談抗戰就是通史。當然通史之用處很大，但沒有專史之精，就沒有通史之通，如果專史不先做（應該先做專史，後做通史），而且專史大家都做好後，再由像杜先生這樣大才的人來做通史。通史是很難的，我們第二流的史學家，做專史是比較適合一點，專史並不是完全考據，專史裏照樣可以通，專史裏有許多論，論不是考據，考據是把事實弄明白清楚。上面所講是我自己的看法，這些看法我與杜先生私下公開亦曾談過。

另外，我聽杜先生講的，我亦想談大陸與臺灣的風氣，這倒實在是叫人感到很悲哀的事。大陸被共產黨佔領四十年，共產黨的暴政帶來的惡果是使人民無知、無能、無恥，尤其現在有接觸之後，深感到它無恥到極點，甚麼招術都可以使出來。現在大家以爲大陸出版的書很多，可以隨處買，但大陸現在不賣，他設一統

籌機構，不准流出，要賣就要比美國書貴，這是現在情形，不知將來怎麼變。有一次我和王曾才教授聊天，他說到一種悲哀的看法，他翻閱俄國歷史，天天亂，亂到最後就完蛋了，這是歷史見證。

剛才我跟杜先生講，我曾跟他一同上姚從吾老師的課，想到姚老師當時曾講「歷史的功能」，歷史的「垂訓作用」，今天講的應當就是歷史的「垂訓作用」。謝謝大家。

杜維運教授：

我與劉鳳翰先生是患難朋友，從年輕到現在。首先，他提的專史亦有貫通之意，我完全同意，不是只寫一部通史就是做貫通工作。尤其在史學分工的今天，一個人沒有辦法像太史公那樣寫一部史學大書，我所感慨的是：我們寫史的工作，應該是中央研究院歷史語言研究所、近代史研究所來做，結果這工作像是交給了黨史會和國史館。考史和寫史沒有能做適當配合，是極為遺憾的。另外，關於中國文化史，在我回來時，聽說這書被取代，而有如釋重擔之感。我感覺最令人戰戰兢兢，心裏負擔最大的，就是給年輕的孩子們寫教科書，這本書當初是被逼之下完成，寫書時間只有六個月，不能延長，後來我希望能修改，結果亦沒有機會，現在被取代，這是我回來最感覺輕鬆的一件事情。謝謝。

李雲漢先生：

現在請沁恒兄發言。

閻沁恒教授：

主持人、各位先進：非常感謝李副主任委員讓我講幾句話，我跟杜先生維運兄相交差不多快四十年時間，談做朋友，說起來有二種朋友可以長久相處，一種朋友志同道合，大家意見相同；一種朋友意見不合，見面就要吵架，這種朋友亦可以相交。因爲沒有這種朋友，就沒有機會來切磋。我跟杜教授從大學開始認識，在學校裏我就很佩服他在史學上的才華，大概在那個時代，在大學裏就能有份量的作品發表，杜先生是這少數中令我欽佩的一位。

剛才，杜先生講到若干自己所深深體會的，眞是語重心長的見解，大部份我亦有同感。我始終認爲研究歷史是有兩種任務，亦就是有兩種功用，一種是杜先生、劉鳳翰先生所講：研究比較專門方面的歷史，就是所謂專史，或者考史方面的工作，這工作需要做亦是比較容易做；另外一工作，就是杜先生所說的寫史的工作，寫史的工作就是要將完成的歷史知識給它擴大，給它普及的任務。

我個人有一同感，就是從清末民國以來，好像我們對史實的考證，對史料的特別重視，掩蓋了這個史家的思想。對史家的著作怎麼樣能深入到學術界、社會人心方面比較忽略。因此，就造成我們史學的知識，跟一般知識份子及社會各階層都脫節。剛剛，杜先生講現在並不是歷史知識受到重視的時代，造成這一後果，一方面是社會之取向，大勢之所趨；另一方面研究歷史的人，本身亦要負責，因爲我們天天都鑽研在很深奧的專題研究當中，那種知識使那些不學歷史的，或甚至學歷史的人但不是專門研究那小題目的人，都看不懂，無形中這種知識就僅僅在學術上有價值而已。這是第一點心裏的感想。

第二點，杜先生一直倡導也寫了很多文章或書，就是要以史學的

比較方法運用在歷史的研究；這印證他今天對我們所講的；要珍惜我們自己史學傳統好的一面，另一方面要開濶胸襟把外來好的知識一樣容納進來。我想比較的方法是一種很好的方法，但是，知道很好的方法，要做卻比較難，要做到像杜先生那樣又寫文章又寫書那是更難了。希望杜先生在比較史學方面，能專門寫一本方法的書，讓年輕學歷史朋友能運用這特別的方法，來從事歷史的研究。

最後，我與杜先生一樣常常有危機感，我們似乎一直生長在危機的時代裏，目前這危機更加嚴重，不論從任何角度來看都是非常嚴重，不過，剛剛從杜先生的演講脈絡裏可以看到，在危機時代，尤其在特別最危機時代，更需要特殊史學大家來引導，以他言論著作來糾正影響，來團結一個國家民族的人心。我們有時自己常常感到很落寞，但我們要有志氣，將來國家前途的發展，社會風氣扭轉，相信只有偉大的歷史家才有能力來做貢獻。

謝謝各位給我這個機會，因很久沒做研究，旣不考史，亦不寫史，深恐言多必失，今天說得太多了，謝謝諸位。

李雲漢先生：

爲免杜先生太勞累，各位先提問題，最後由杜先生一概來回答。感謝閻先生剛才的發言，閻先生實際亦是一位史學方法造詣很深的學者，個人與閻先生亦曾是同學，深知閻先生功力深厚，今天發言很客氣。接下來請繼續發言。尤其是年輕的朋友們。

卓遵宏先生：

我在黨史會跟李副主任學得很多，所以才從研究唐史踏入研究現

代史，現在謝謝李副主任委員給我這個機會發言。杜教授以短短
一小時的時間，縱橫中國史學三千年，剖析入裏，發人深省，並
指示今後研史方向，啓沃良多，至感欽佩。中國史學博大精深，
杜教授以史家危機意識，貫穿傳統中國寫史的原動力，舉證說明
史家挽救危機時代的偉蹟，體大思精，成一家之言。不過像孔子
修《春秋》，司馬光寫《資治通鑑》，或感於乾綱不振，夷狄交
侵，但司馬遷、班固撰述《史記》、《漢書》，最多只能說極盛
時代的個人憂慮意識，與「世變」無太大關係。又世界史上，各
國史學的盛衰，則與國勢的興衰似無一定法則。杜教授學貫中西
史學，個中奧妙能否再以西方史學爲大家闡明。另外有兩個小問
題，想聽聽意見，就是今後修史應不應該走集體創作的路線？史
家修史好或專家修史好，尤其在專門性的志書方面。

杜維運教授：

非常謝謝卓先生高明意見，關於是不是危機時代就出大史學家，
在西方這結論幾乎不能成立，在中國成立亦不是很肯定，這裏邊
還有很多的細節，所以我寫〈學術與世變〉，就覺得危機時代很
難定。司馬談父子有危機時代的意識型態，這說法就很勉強，怎
麼講在漢武帝時代是危機時代呢？所以是不是危機時代就出大史
學家尚難成定論，有待進一步斟酌。另外關於集體修史，我覺得
是今後史學應當走的方向，現今史料浩瀚，一個人怎麼寫？太史
公時代可以，到司馬溫公時就需要很多助手來幫他，一個人是寫
不了。到今天修清史亦好，修民國史亦好，如果不藉用一機構，
由很多人共同來做是完成不了，我覺得需要學術機構從中央研究
院、國史館、到黨史會通力合作，這期間就要像司馬溫公修《資

治通鑑》一樣，由一人來總裁統籌，如此就有私人修史之長亦有集體修史之長。關於專家寫史或史學家寫史這問題，有些專門問題非專家來寫不行，譬如：寫戰爭史非劉鳳翰兄不行，一定要身經百戰才能寫得比較好，所以沒有做過宰相，《通典》這部書就不可能那麼好，不過專家最好受過一點史學訓練，如果沒有訓練，那就可能祇寫他自己那一套，所以怎麼訓練專家是一個問題。

侯坤宏先生：

聽杜先生演講受益良多，有一小問題請教杜先生，就是國史體例應該是怎麼樣？它的寫作方式又應該怎麼樣？

尹弘韜先生：

我是文化大學史學系二年級學生，剛剛聽杜先生提到史學的危機時代，我想提出一問題，就是史學本身的危機。剛才有人提到高中歷史、文化史的教材，我個人深深感覺到在高中時代，同學討論到歷史課本方面，認為是所有科目中編得最差的一科，尤其是第三冊。在高中歷史課本前有編輯大意，要點是提振民族意識，但越讀越傷心，尤其是第三冊，而且幾乎錯得很多，每頁都有錯，是所有科目中錯得最多的，不知是編的人有問題，或政府政策有問題。歷史本身應該是很輕鬆愉快的一門課程，但是同學讀了竟然卻有越讀越沒興趣的想法，不知問題出在何處？要如何改進。前些日子學校裏教西洋史學名著選讀的老師教外系的一班級，問學生最想殺的人是何人？結果排行榜第一名竟然是孔子，這問題太嚴重了，我們一直在追求儒家思想，闡揚儒家倫理精神，結果

學生最想殺的人是孔子，我覺得教學方法、政策、方向大有問題，請教杜教授如何來解決。

杜維運教授：

國史體例，有待訂定。我想國史館在這方面應已經做了，我個人看法，覺得不應當廢棄中國紀傳體例，因爲紀傳體例有很多優點，當然亦有很多缺點，優點是可以把大量的事實放在裏面，對人物有比較詳細的介紹，這體例不應當廢。

另外關於中學歷史教科書，我們的史學界第一流史學家不肯寫中學教科書，雖最重要的歷史教育是在中學教科書，但改來改去永遠改不好，改得大家越讀越沒興趣，本來對歷史有興趣一讀中學歷史就沒興趣了。我於民國三十六年從高中畢業，在高中三年最討厭的一門課就是歷史，教的老師不行，課本亦差，我對歷史比較有興趣的是小時候讀王鳳洲的《綱鑑》，反而比較有歷史感。我們的史學界、史學家應當撥出一部份時間，爲年輕孩子們寫好歷史教科書，現很多學者不願做，因爲做了負擔很大，而且做了以後，很可能現在是講師，寫完一部很好的教科書以後可能還是講師，因爲教科書不能升等，不算學術著作。在如此學制之下，歷史教科書就寫不好了。但問題要面對，這是領導學術機構需負責策劃的。

李雲漢先生：

剛剛尹同學發言，有一點在這裏稍作解釋，歷史教育與歷史研究不太一樣，一般史學界朋友在這裏談的大都是歷史研究方面；如史學的基本理論方法等等。歷史教育是另一方面，最近中國歷史

學會辦一雜誌叫《歷史教學雙月刊》，當初考慮這名稱有很多，後來決定用這名稱，就是要把他的本質凸顯出來，應當是歷史教學。國立編譯館歷史教科書編纂委員會的主任委員李國祁先生，特別闡明歷史教育是要根據國家教育政策，教育部規定的歷史教學目標來編纂歷史教科書。歷史研究不是這樣，它是有充份的空間性和時間性，是很寬廣的。譬如；中央研究院近史所的研究，就跟我們黨史會、國史館的研究不一樣。中央研究院是全國最高研究機構，是帶頭的，有他的風格。而黨史會、國史館是有他特殊的職能，國史館修出來的是國家歷史，是代表國家，不能代表個人意見。多少有所分辨，這是我提出一點意見供參考。尹同學的意見應當向國立編譯館表達，相信他們很樂於參考。

劉劍寒先生：

首先聲明本人不是學歷史，讀書時是讀教育，後來讀新聞。歷史可說是門外漢，不過個人對歷史很有興趣，亦曾在中學、專科學校濫竽充數教歷史，每次史料中心辦演講討論會，都抱學習的心情來參加，聽專家學者之意見亦可收到充電之效果。剛剛有人提到國史的體例，同時杜教授講題：史學的方向。我個人很欽佩杜教授闡述從上古到現代歷史一貫的方向，亦指出歷史應走的正統道路。

首先在這提出一問題，研究歷史到底要不要負有端正世道人心，指出子孫兒女今後要走的正確方向使命，假如有的話，那麼在是非公道上要特別注意。個人很欽佩杜教授指出的方向，我一直到現在還在學習歷史，就是要追求這正確方向。

其次，我個人退休之後承國史館館長之情意，邀我到國史館協助

纂修中華民國史志書方面工作，並負行政工作，對於國史的體例，我個人因曾在地方從事文獻工作一段時期，對地方志書有一點計畫，所以館長要我協助推動國史志書方面工作，館長對我說：「我今年七十七歲，你今年六十六歲，我們有生之年，共同來為國家做點事。」所以我快七十歲之人，還很願意每天奔走於青潭之路，這祇想盡點心力，不知這心力能盡到多少。

國史館修志計畫是館長親自擬定的。國史包括志傳表記。最難的是「志書」，不是因我在做這工作而說這話，「傳」祇是個人資料。「志書」，館長期望第一期是民國元年到七十年，但三十八年以前之資料大都流落在大陸，帶到臺灣的不過十之二、三。三十八年以後在臺灣是比較完全，但不能概括到整個中國大陸。所以在着手「志」書時，剛才卓遵宏先生提到到底是請專家或請學者或請一般業務有關的人士來參加，都需考慮。因為第一期有十四部「志」書，館長手定之計畫，希望三年到五年之內有一點績效表現，我到國史館瞭解亦不多，個人又因不是研究歷史，但我考慮到「志」書是記載國家的典章制度法令規章，可以說是國史館最正統的歷史，雖然我們研訂了國史「志」書凡例草案，現在還沒定案，隨時在修正補充，在這順便報告館長知道，恐怕我們得借助一般行政業務機關的力量，否則單單靠研究歷史的專家學者，首先碰到的將是國史館的資料不完全，當年流落大陸的資料，現在難以蒐集。原應將所有資料蒐集完整，再請專家學者在館裏，日月寢食來修史，但這實際已是不可能。所以採取變通辦法，先訂出一共同遵守的原則，就是「凡例」的草案，再到業務機關邀請一、二位副首長或業務主管來參與其事，這樣畢竟比較可以收到效果，因為熟悉資料比較容易著手。個人在修地方志

時，在縣政府就感覺到，由甲單位到乙單位，乙單位到丙單位要調閱資料，就不是容易的事。一方面檔案不太完全，另一方面外人要調資料，對方不一定會給。假若運用行政的力量，例如內政部修內政志由次長當召集人，那就不能不接受了。另外，亦需要一、二位專家學者在裏面，凡是寫法有什麼錯誤可隨時糾正，現在六部志書已開始，有一部份稿子已收到，以史學界眼光來說，不一定符合標準。

剛剛杜教授講希望修國史時能由中央研究院、黨史會、國史館共同來努力，也許能彌補現在人力物力的不足。另外，修國史與個人寫歷史多少有點不一樣，畢竟是要站在國家的立場，所以剛才主席講的歷史教學與歷史研究是不能完全相同，假若國史館拋棄自己的立場，不管蒐集到的資料可信不可信都兼容並納，那恐怕出來的志書、史書受到批評指責就更多了。所以國史的取材以官文書為主。至於私人著述、報章、雜誌，都需經過考正確實為主。而且「志書」只能務求保存大體，掌握關鍵，取其精華。「志書」不可將瑣碎之事亦記載。以後修志書若有方向的偏差失誤，請各專家多給予我們指正。謝謝。

杜維運教授：

謝謝劉先生的高見，關於端正世道人心方面，我非常同意要有是非公道，孔子寫《春秋》就是要訂是非善惡的標準，一個社會沒有標準實在很危險。另外，關於名教方面跟中國統一，在今後史學方面是應當強調的。而關於修志書是最難的一部份，向來是如此。

李雲漢先生：

　　各位先生，我們時間已經到了最後下結論的時候，我們把下面的時間留給朱館長。

朱滙森館長：

　　各位女士、各位先生，記得上次討論會時請郭恒鈺先生來講演，那時我偷懶，請李副主任來做結論，今天他回報我，叫我做結論（笑聲）。

　　今天聽了杜敎授講演可說上下古今都講得很透徹，尤其是語重心長，可以看出杜敎授憂國憂時的意識。他從歷代到現代的危機都提出來，認爲祇有歷史可以挽救中華民族的命運，他提出這信心，希望我們學歷史的都要有這信心，同時他指出今後歷史應該走的方向，他講了兩句話，這兩句話值得我記下來，他說：「會通古今，權衡中外」。就是一方面我們要採取西方史學家的科學精神，同時不要失去中國歷史的特色，所以他提出「會通古今，權衡中外」這兩句話，我想這是今天聽到杜敎授講演最重要的要點，值得大家記下。

　　另外杜敎授的講演，還有一特別的意思，強調我們從事歷史工作人的責任感，我們在這危機時代，應該要有舍我其誰之責任。我曾在某地方看到有一句話，把它寫在日記本上，他說：「每一個人都在寫歷史，有的人用血汗，有的人用生命，而我們呢？」我們用什麼寫歷史？這是我們從事歷史工作的人自己要反省的，我們要照杜敎授所講，如何來挽救中華民族的命運，這是今後我們要走的方向，以上所講的不知道能不能把杜敎授所講的歸納起來。

李雲漢先生：

　　朱館長話雖講得很短，但精義非常深刻，我想杜教授的講演加上朱館長的結論，也許是今天我們在座的各位最大的收穫，最後，謝謝大家的參與，現在時間差不多了，就此散會，謝謝。

第 二 篇

策三篇

第一章　中國史官的及時
記事與修史

(一)敍　論

　　西方近代史學家這樣說:「很多早期的編年史 (annals)，並非源
於恢復既往的動機，僅欲爲君王留不朽於將來而已。……在西方世界
以及東方，歷史多歸功於掌管曆法的官吏。在東方，歷史特別有賴於
一類秘書，他們掌管純爲商業性質的記錄，最初一點也不是爲了綿延
歷史」❶。「西方最先發展歷史文獻的人，是大帝國的領袖，他們寫他
們的現在，寫他們自己，希望其在戰爭上的勝利及其他功業，永爲後
代所記憶。西方最早留下的大量歷史文獻，不是對過去有興趣的人們
的作品 ── 他們僅渴望其事業功勳永垂後世，這種情勢最低限度維持
了千年之久」❷。如此看起來，西方(上引文中所謂東方，係指埃及、
兩河流域、小亞細亞以及巴勒斯坦、波斯等地，非指中國或印度) 很
多早期的編年史，並非源於恢復既往的動機;西方最早留下的大量歷
史文獻，不是對過去有興趣的人們的作品;同時西方沒有產生及時記
載天下事的記事制度，掌管曆法的官吏以及掌管純爲商業性質記錄的
秘書，沒有任何記事之責。在埃及與敍利亞地帶，有些名册 (lists),
存留到今天,最早者大概是刻在有名的波勒穆石頭(Palermo Stone)
上的（部分刻在附屬於它的斷片之上），一連串的朝代與帝王名字,

屬於西元前兩千年的一些世紀，其編成的時代，約晚千年。其中絕少記事，僅到接近編成的時代，一年有八件事到十五件事被記錄下來，大致是關於宗教禮儀、廟宇建築一類的事件❸。「蘇美王的名册」(Sumerian King-List) 也是一類❹。一些大帝國的領袖，雖記錄其在戰爭上的勝利及其他功業，但未形成記事的制度。至於創造史學的希臘人，到西元前七世紀時，政治經驗已經十分豐富了，奇怪的是此一時期的希臘，卻無用文字記錄其經驗的動機，他們所注重的歷史，還只是史詩所提供的歷史❺。以致到西元前五世紀時，希臘還沒有豐富的文字記錄❻。情形如此，無怪西方史學家很頹喪的說：「刺激歷史記錄的在最初不是對過去發生興趣，不是所謂歷史的興趣。研究歷史寫作的前身，充滿著驚人之事 (surprises)；我們所稱的史學家，其職責在最初像是一點也不是導源於歷史的」❼。

反觀中國，情形就完全不同了。中國自遠古時代起，設立了一種及時記載天下事的史官，這是破世界記錄的。

中國史官設立的時代，可能不如傳說中的那麼早，造字的倉頡、沮誦，可能不是史官的老祖宗❽。可是，最遲在商代，或者在夏代，中國已千真萬確的設立史官了。夏代已有出土文字❾，文字的創造人，可能兼有史官的職務。商代的甲骨文，已是很進步的文字，殷墟卜辭是一種史事記載❿，負責製作卜辭的貞人，則可能是史官⓫。文獻上的記錄，如《呂氏春秋》「先識覽」云：「夏太史令終古出其圖法，執而泣之。夏桀迷惑，暴亂愈甚。太史令終古乃出奔如商。」又云：「殷內史向摯見紂之愈亂迷惑也，於是載其圖法，出亡之周，武王大說。」這是夏商兩代已有史官的明證。《呂氏春秋》這部書是由呂不韋讓其門客雜採古書而寫成的，其有較原始的根據，應可確信⓬。班彪所謂「唐虞三代，詩書所及，世有史官，以司典籍」⓭，也

決非想像之說。所以在夏商時代，中國已設立史官，實不必懷疑。

　　中國自遠古時代設立史官以後，訖於清政權結束，歷朝設立史官，數千年不絕。這是世界其他國家其他民族所從未出現過的一種史官制度❶，也是史學上最爲珍貴的一種制度。一羣專業的人士，逐日記載天下發生的事件，眞歷史賴以保存，中國的歷史記載，賴以豐富，史學上的偉業，孰過於此？而且中國的史官，具有超然的立場，凜然的風範，配合其深厚的學養，遂使中國的歷史記載，翔實淵懿，而人文主義的精神盡現。

（二）「史」字的詮釋與史官的原始職務

　　中國的「史」字，最初係指史官，不是指後人所謂歷史或史書。許愼《說文解字》說：「史，記事者也。從又持中，中，正也。」許愼是東漢時人，他說史是記事者，無異說是史官，其說必有根據，值得相信。但是他將中解釋成正，卻引起近人很多的爭論。清人吳大澂云：「史，記事者也，象手執簡形❶。」以手所持的中，象簡的形狀，而不是中正之中，是一種很新的解釋。王國維進一步擴充其說云：

　　「吳氏大澂曰：『史象手執簡形。』然中與簡形殊不類。江
　　氏《永周禮疑義舉要》云：『凡官府簿書謂之中。故諸官
　　言治中、受中、小司寇斷庶民獄訟之中，皆謂簿書，猶今之
　　案卷也。此中字之本義。故掌文書者謂之史。其字從又從
　　中。又者，右手，以手持簿書也。史字、事字皆有中字，
　　天有司中星，後世有治中之官，皆取此義。』江氏以中為

簿書，較吳氏以中為簡者得之（簡為一簡，簿書則需衆
簡）。顧簿書何以云中？亦不能得其説。案周禮大史職，
凡射事飾中舍箅，大射儀，司射命釋獲者設中，大史釋
獲，小臣師執中，先首坐，設之東面，退，大史實八箅于
中，橫委其餘于中西，又釋獲者坐取中之八箅，改實八
箅，興執而俟，乃射。若中，則釋獲者，每一個釋一箅，
上射于右，下射于左，若有餘箅，則反委之。又取中之八
箅，改實八箅于中，興執而俟云云。此卽大史職所云飾中
含箅之事。是中者，盛箅之器也。」⑯

以中與簡形殊不類，進一步以中象盛簡或盛箅之器，是較爲
得實的說法。勞榦於〈史字的結構及史官的原始職務〉一文中則云：
「史字是從右持鑽，鑽是象鑽龜而卜之事，因爲卜筮之事是史官最
重要的職務，而記事爲後起⑰。」這是以中字象鑽而不象簡，而認
爲史是管卜筮之人。戴君仁於〈釋『史』〉一文中則呼應江永、章炳
麟、羅振玉諸家之說，以「中本册之類」、「中象册形」，而認爲史的
原始職務是祭祀⑱。種種說法，令人有莫衷一是之感。

在紛紜衆說中，可以看出的，史官的原始職務，與宗教密切相
關。

以祭祀言之：史官司祭祀之責，有很多的實例：《左傳》「莊公
三十二年」：「有神降于莘。……虢公使祝應、宗區、史嚚享焉。」
「閔公二年」：「狄人囚史華龍滑與禮孔，以逐衞人。二人曰：『我
大史也，實掌其祭。不先，國不可得也。』乃先之。」「昭公十七
年」：「夏，六月甲戌朔，日有食之。祝史請所用幣。……大史曰：『在
此月也。日過分而未至，三辰有災，於是乎百官降物，君不舉，辟移

時，樂奏鼓，祝用幣，史用辭。』」「昭公十八年」：「火作，子產……使祝史徙主祏於周廟，告于先君。」《國語》「魯語上」云：「夏父弗忌爲宗，烝將躋僖公。……有司曰：『……夫祀，昭孝也，各致齊敬於其皇祖，昭孝之至也。故工史書世，宗祝書昭穆，猶恐其踰也。』」

從上面的例子，可以證明一直到春秋時代，史官有司祭祀的職務。

以卜筮言之：《周易》「巽九二」：「巽在牀下，周史巫紛若，吉。」《國語》「楚語下」：「少皞之衰，九黎亂德，民神雜糅，不可方物，夫人作享，家爲巫史。」《左傳》「莊公二十二年」：「陳厲公……生敬仲。其少也，周史有以周易見陳侯者，陳侯使筮之，遇觀之否，曰：『是謂觀國之光，利用賓于王。』」「僖公十五年」：「初，晉獻公筮嫁伯姬於秦，遇歸妹之睽，史蘇占之，曰：『不吉』。」「昭公二年」：「晉侯使韓宣子來聘，……觀書於大史氏，見易象與魯春秋，曰：『《周禮》盡在魯矣。』」「昭公七年」：「孔成子以周易筮之，……以示史朝。」「哀公六年」：「是歲也，有雲如衆赤鳥，夾日以飛，三日。楚子使問諸周太史。」「哀公九年」：「晉趙鞅卜救鄭，遇水適火，占諸史趙、史墨、史龜。」

史官掌卜筮，也是歷歷不爽。史官由掌卜筮，兼及管星曆：《左傳》「襄公三十年」：「絳縣人曰：『臣，小人也，不知紀年。臣生之歲，正月甲子朔，四百有四十五甲子矣。……』史趙曰：『亥有二首六身，下二如身，是其日數也。』」《國語》「周語上」：「古者太史順時氏見土，陽癉憤盈，土氣震發。農祥晨正，日月底于天廟，土乃脈發。先時九日，太史告稷曰：『自今至于初吉，陽氣俱蒸，土膏其動。弗震弗諭，脈其滿眚，穀乃不殖。』稷以告王曰：『史帥陽官，以命我司事曰：距今九日，土其俱動，王其祗祓，監農不易。』」

到了漢朝，身爲太史公的司馬遷這樣說：「僕之先人，非有剖符丹書之功，文史星曆近乎卜祝之間❶。」就是到了東漢，所設太史令一官，仍掌天時星曆，凡歲將終，奏新年曆；凡國祭祀喪娶之事，掌奏良日及時節禁忌；凡國有瑞應災異，掌記之❷。由此清楚可見史官管理星曆的職務了。

史官司祭祀、掌卜筮、管星曆的職務，都是史官的原始職務，都是具有宗教性質的。祭祀是重要的宗教活動，卜筮是神秘的宗教行爲，天時星曆之事，也接近神學，而與近代的天文學相去遙遠。至於史官所負的册命職務，則是宗教兼人文性質的職務。《尚書》中有一首册辭，文字相當長，是祝禱之辭：

> 「旣克商二年，王有疾，弗豫。二公曰：『我其爲王穆卜。』周公曰：『未可戚我先王。』公乃自以爲功，爲三壇同墠，爲壇於南方，北面，周公立焉；植璧秉珪，乃告太王、王季、文王。史乃册祝曰：『惟爾元孫某，遘厲虐疾，若爾三王，是有丕子之責于天，以旦代某之身。予仁若考，能多材多藝，能事鬼神。乃元孫不若旦多材多藝，不能事鬼神。乃命于帝庭，敷佑四方，用能定爾子孫于下地。四方之民，罔不祇畏。嗚呼！無墜天之降寶命，我先王亦永有依歸。今我卽命于元龜，爾之許我，我其以璧與珪，歸俟爾命；爾不許我，我乃屏璧與珪。』」❷

這首册辭，是在祭典中由史官執册宣讀的，所謂「册祝」。將持中解釋成持簡册，在此處是最符合事實的。另外尚書「洛誥」中亦記史官在祭典中册祝：「戊辰，王在新邑，烝，祭歲，文王騂牛一，武

王騂牛一。王命作册逸祝册，惟告周公其後。王賓，殺禋，咸格，王入太室祼。王命周公後，作册逸誥。」所謂「祝册」，應與「册祝」同義。「作册」即是史⑳，前面祝册惟告周公其後，是告先王的。後面作册逸誥，是告天下的。王國維解釋說：「成王既命周公，因命史佚書王與周公問答之語，並命周公時之典禮，以誥天下，故此篇名洛誥，尚書記作書人名者，惟此一篇」㉓。徐復觀則解釋「册祝」說：「『册祝』是史官把周公欲爲武王代死之意，寫在簡策上（册），唸給太王、王季、文王在天之神聽，希望得到這三位鬼神的許可」㉔。可見史官所負介乎天人之間的册命職務了。到春秋時代，魯僖公二十八年，「王命尹氏及王子虎、內史叔興父策命晉侯爲侯伯……曰：『王謂叔父，敬服王命，以綏四國，糾逖王慝。』」㉕「魯襄公三十年」，在鄭國，「伯有既死，使大史命伯石爲卿，辭。大史退，則請命焉，復命之，又辭。如是三，乃受策入拜㉖。」這些都是史官負有册命職務的實例。

史官最大的職務，而被認爲比較後起的，是記事。《尚書》「金縢」、「洛誥」中透露出史官册命時，同時記事，記周公欲爲武王代死之意，記成王與周公問答之語。「顧命」中則云：「太史秉書，由賓階隮，御王册命，曰：『皇后憑玉几，道揚末命，命汝嗣訓，臨君周邦，率循天下，爕和天下，用答揚文武之先訓。』王再拜，興。答曰：『眇眇予末小子，其能而亂四方，以敬忌天威？』」其中有命辭，有答辭，顯然都是史官的傑作。周的初年如此，再往上推，「商書」中可信爲商人的作品者，如「盤庚」、「高宗肜日」等篇，都是史官的記載。可知史官較爲後起的記事職務，最遲在商代已經出現了。自然從商代到春秋時代，史官的記事，並不是純爲人文性質的，係從宗教到人文的，記天道神事，降而兼記人事㉗。時代愈推進，史官的職務

愈單純，以致純作人文性質的記事，便變成史官惟一的職務了❷。

(三)史官制度的形成與演變

設立史官，變成一種制度，明文首見於《周禮》一書。《周禮》是一部參有若干較晚作品的書，但是也保存了若干較原始的思想，可以當作旁證看待。

在周禮中，史官有五種，皆列入春官大宗伯下：

其一是大史，職掌是：「掌建邦之六典以逆邦國之治，掌法以逆官府之治，掌則以逆都鄙之治。」

其二是小史，職掌是：「掌邦國之志，奠繫世，辨昭穆。若有事，則詔王之忌諱。大祭祀，讀禮法，史以書敍昭穆之俎簋。」

其三是內史，職掌是：「掌王之八柄之法，以詔王治，一曰爵，二曰祿，三曰廢，四曰置，五曰殺，六曰生，七曰予，八曰奪。」「掌敍事之法，受納訪，以詔王聽治。凡命諸侯及孤卿大夫，則策命之。凡四方之事書，內史讀之。」

其四是外史，職掌是：「掌書外令，掌四方之志，掌三皇五帝之書，掌達書名于四方。」

其五是御史，職掌是：「掌邦國都鄙及萬民之治令，以贊冢宰。」

另外屬於大史的，尙有馮相氏與保章氏，馮相氏的職掌是：「掌十有二歲，十有二月，十有二辰，十日，二十有八星之位，辨其敍事，以會天位。」保章氏的職掌是：「掌天星，以志星辰日月之變動，以觀天下之遷，辨其吉凶。」

以上五種史官，自其職掌看，仍在天人之際，其人數也相當可觀❷。史官制度，自此現出了雛形。

春秋時代，史官的名稱，周與各諸侯國極不一致。《左傳》所載，有大史的諸侯國爲齊、衞、晉、魯❸，有左史的諸侯國爲晉、楚❸，周有內史❸，魯有外史❸。依《周禮》所載，多出了左史，而缺少了小史、御史。《左傳》偶然的記載，不可能一一提及各種史官，而且《左傳》多概稱史某某，以致就無法完全符合《周禮》所載五種史官的名稱了。能大致符合，已足證《周禮》所載不是虛構。

史官制度確立後，其表現出來的一項特徵，是其普遍性，從中央到地方，普遍設立，而且數目相當可觀。以周初到戰國時代而論，見於金文及各類文獻的史官，據近人統計，約一百二十九人，其中屬於王室者五十六人，屬於諸侯者四十七人，未能確定屬於王室或諸侯者二十六人。屬於諸侯者，魯國三人，齊國四人，晉國九人，秦國、韓國各三人，楚國四人，宋國二人，衞國七人，鄭、虢、莒、趙、魏各一人，私人之史七人❸。從天下共主的周室，到蕞爾小國的莒、虢，都設史官，又在文獻偶然的披露下，人數到達百人以上，可見其普遍的程度了。

漢代以後，迄於清末，歷代皆設史官，而名稱則不盡相同。漢代的史官爲太史令，也稱太史公，司馬談、司馬遷父子，都是漢代馳名的史官。太史令之設，係「取善記述者，使記時事，天下圖書計最籍，皆副焉」❸。亦「掌天時星曆，凡歲將終，奏新年曆，凡國祭祀喪娶之事，掌奏良日及時節禁忌，凡國有瑞應災異，掌記之」❸。可知漢代的史官，職務仍然繁衆，不是純作記事。

自漢末迄於唐初，史官有著作郎、著作佐郎之稱❸。後漢桓帝延熹三年，置祕書監，其屬有著作郎，蔡邕曾爲著作郎❸。魏明帝太和中，詔置著作郎❸。晉立著作省，自是著作郎、著作佐郎爲著作省官，專掌史職。「著作郎一人，謂之大著作郎，專掌史任。又置佐著

作郎八人。著作郎始到職，必撰名臣傳一人」❹。「國史之任，委之著作」❹，蓋其真況。自唐貞觀三年，別立史館，撰史之任，專歸史館修撰，著作郎始罷史職。

齊、梁及陳又設撰史學士❷，其專掌史職，較之著作郎、著作佐郎，更為顯著。

自唐迄於清末，史官又有修撰❸、編修、檢討❹、修國史、同修國史❸等名稱。

修撰之稱始於唐，上繫史館二字。《新唐書》「百官志」云：「史館修撰四人，掌修國史。」《舊唐書》「職官志」云：「史官監修國史，修撰直館。」又云：「史官掌修國史，不虛美，不隱惡，直書其事。凡天地日月之祥，山川封域之分，昭穆繼代之序，禮樂師旅之事，誅賞廢興之政，皆本於起居注、時政記以為實錄。然後立編年之體，為褒貶焉。既終，藏之於府。」

宋、遼、元、明、清數代，皆設修撰。宋稱史館修撰、史館同修撰、實錄院修撰、實錄院同修撰；遼稱史館修撰；元稱翰林國史院修撰；明、清稱翰林院修撰，皆史官職。

編修、檢討設於宋、元、明、清四代。宋代國史院、實錄院中，有編修官、檢討官；元代翰林國史院中，有編修官；明、清翰林院中，除修撰為史官外，編修、檢討皆是史官，其職為：

> 「掌修國史。凡天文、地理、宗潢、禮樂、兵刑諸大政，及詔敕書檄，批答王言，皆籍而記之，以備實錄。國家有纂修著作之書，則分掌考輯撰述之事。經筵充展卷官，鄉試充考試官，會試充同考官，殿試充收卷官。凡記注起居編纂六曹章奏膳黃冊封等咸充之。」❹

修國史、同修國史設於宋、金二代。宋代國史院與實錄院中，有修國史、同修國史之官。金代國史院中亦然。此爲修國史制度中最明確的名詞[47]。

以上是中國史官制度數千年的大致演變，到民國成立，這種最珍貴的史學制度，竟完全廢除了!!

(四)史官及時記載天下事

從數千年的時間角度來看，中國史官最大的職務爲記事，天下發生的事件，及時記載，數千年如一日，這是極值人注目的。西方十九世紀大史學家蘭克 (Leopold von Ranke, 1795—1886) 序其大著《一四九四年至一五三五年羅馬民族與日爾曼民族史》(*Geschichte der Romanisch und Germanischen Völker von 1494 bis 1535*) 云：「世人咸認歷史的職務，爲鑒旣往，明當代，以測未來。本書則無此奢望，所欲暴陳者，僅爲往事的眞相而已 (Wie es eigentlich gewesen，英文譯爲 what actually happened 或 how things really were) [48]。自此「暴陳往事的眞相」成爲西方史學中最有名與最有影響力的格言。但是如何暴陳往事的眞相呢？利用各種資料與方法，皆不如及時將發生的事件，記載下來，較爲便捷而可靠。如此說起來，中國數千年設立史官，及時記載天下事，應是世界史學史上的盛事了。

中國古代的史官，由於掌管天人之間的事務，往往記天象，災異發生，尤其一一記載。以《春秋》爲例：

隱公九年，三月癸酉，大雨震電。庚辰，大雨雪。

莊公七年，四月辛卯，夜，恒星不見。夜中，星隕如雨。秋，大

水，無麥、苗。

僖公十有六年，春，王正月，戊申朔，隕石于宋五。是月，六鷁退飛，過宋都。

襄公二十有四年，秋，七月，甲子朔，日有食之，既。

哀公十有四年，春，西狩獲麟。

《春秋》所記的災異甚多，舉凡雨、雪、霜、雹、雷、電、地震、水、旱、火災以及日、月、星、辰、動物、植物的異象都包括在內。《春秋》係孔子根據春秋時代史官的記載而寫成，可見其時史官記載天象的詳盡了。

天象以外，人事的記載，尤其廣泛。天子之側，諸侯之旁，盟會之時，讌私之際，皆有史官，及時記載。天子與諸侯，身居要津，隨侍身邊的史官，載筆以書❹，所謂「君舉必書」❺，所謂「動則左史書之，言則右史書之」❺，所謂「天子無戲言，言則史書之」❺，說明了影響力最大的權勢人物，其一言一行，隨時被記錄下來；天子與諸侯以及諸侯與諸侯間的盟會，都派史官即時記錄，如《史記》記載戰國時代秦趙澠池之會云：

> 「秦王飲酒酣，曰：『寡人竊聞趙王好音，請奏瑟。』趙王鼓瑟。秦御史前書曰：『某年月日，秦王與趙王會飲，令趙王鼓瑟。』藺相如前曰：『趙王竊聞秦王善為秦聲，請奏盆缻秦王，以相娛樂。』秦王怒，不許。於是相如前進缻，因跪請秦王。秦王不肯擊缻。相如曰：『五步之內，相如請得以頸血濺大王矣。』左右欲刃相如，相如張目叱之，左右皆靡。於是秦王不懌，為一擊缻。相如顧召趙御史書曰：『某年月日，秦王為趙王擊缻。』」❺

　　這是一段生動的故事，由於這段故事，卻將中國優美的史官及時記事的制度保存下來了。大約到了春秋時代，「諸侯之會，其德刑禮義，無國不記」❺❹。盟會時各國史官爭作德刑禮義各方面的記載，說明了史官記事的盛況。盟會之時，記事如此，天子之側，諸侯之旁，記事如彼，而深居的后夫人，又有女史記其過失，所謂「古者后夫人必有女史彤管之法，史不記過，其罪殺之」❺❺，其記事之法之嚴，又可見一了斑。到唐宋時代，記事之法尤善❺❻。史館、國史院、實錄院以外的不算是正式的史官，像起居郎、起居舍人，負有撰寫起居注的大任，詳細記載天子的言行。史通言起居注記載之法云：「起居注者，論次甲子之書。至於策命、章奏、封拜、薨免，莫不隨事記錄，言惟詳審。凡欲撰帝紀者，皆因之以成功，即今為載筆之別曹，立言之貳職❺❼。」起居郎及起居舍人，「每天子臨軒，侍立於玉階之下，郎居其左，舍人居其右；人主有命，則逼階延首而聽之，退而編錄，以為起居注❺❽。」《舊唐書》「職官志」云：

　　「起居郎，掌起居注，錄天子之言動法度，以修記事之
　　史。凡記事之制，以事繫日，以日繫月，以月繫時，以時
　　繫年。必書其朔日甲乙，以紀曆數；典禮文物，以考制
　　度；遷拜袚賞以勸善；誅伐黜免以懲惡。季終則授之國史
　　焉。」
　　「起居舍人，掌修記言之史，錄天子之制誥德音，如記事
　　之制，以記時政損益。季終則授之於國史。」

　　尤其值得稱道者，唐代有天子不觀起居注的不成文規定。天子如欲觀看，史官每嚴辭拒絕，不假以顏色。《新唐書》上有幾段記載：

「帝（唐太宗）嘗詔『起居紀錄臧否，朕欲見之，以知得
失若何？』子奢（朱子奢）曰：『陛下所舉無過事，雖見無
嫌，然以此開後世史官之禍，可懼也。史官全身畏死，則
悠悠千載，尚有聞乎？』」❺❾

「鄭朗……開成中擢起居郎。文宗與宰相議政，適見朗執
筆螭頭下，謂曰：『向所論事，亦記之乎？朕將觀之。』朗
曰：『臣執筆所書者，史也。故事，天子不觀史。昔者太
宗欲觀之。朱子奢曰：「史不隱善，不諱惡。自中主而
下，或飾非護失，見之則史官無以自免，且不敢直筆。」
褚遂良亦稱史記天子言動，雖非法必書，庶幾自飭。』帝
悅，謂宰相曰：『朗援故事，不卑朕見起居注，可謂善守
職者。然人君之為，善惡必記，朕恐平日言之不協治體，
為將來羞，庶一見得以自改。』朗遂上之。」❻⓿

「魏謩……為起居舍人……帝（唐文宗）索起居注，謩奏：
『古置左右史，書得失，以存鑒戒。陛下所為善，無畏不
書；不善，天下之人，亦有以記之。』帝曰：『不然，我
既嘗觀之。』謩曰：『向者取觀，史氏為失職。陛下一見，
則後來所書，必有諱屈。善惡不實，不可以為史。且後
代何信哉！』乃止。」❻❶

「天子言動，雖非法必書」，「人君之為，善惡必記」，為了存信
史，而使史官免禍，所以有天子不觀起居注的傳統。鄭朗將起居注上
之天子，是一位失職的史官，但是他也知道史不隱善諱惡以及天子不
觀起居注的傳統；一再想看起居注的唐文宗，也推許最初不想上呈起

居注的鄭朗能善守其職，這可以充分表現出中國史官的神聖任務以及中國史官記事的眞正精神了。(62)

起居郎、起居舍人記天子言動，修撰、編修、檢討本於「不虛美，不隱惡，直書其事」的精神，掌修國史，「凡天文、地理、宗潢、禮樂、兵刑諸大政，及詔敕書檄，批答王言，皆籍而記之，以備實錄」，可見唐、宋迄於明、淸時代，史官及時記載天下事的盛況。唐、宋宰相也親撰時政記，於退朝之暇，記載所參預的國事。記事風氣所趨，其普遍有如此。

中國史官數千年來，及時記載天下事，爲歷史留下最直接的材料，史學上的偉業，孰過於此？

(五)史官的學養、風節與立場

中國的史官，是一羣極有學養的人。上古時代，他們是識字專家、寫字專家、讀字專家(63)，也可能是造字專家。相傳倉頡、沮誦曾是黃帝時代的史官，而倉頡、沮誦被認爲是造字的老祖宗。古代的一切典籍，也是由史官保管的。老子曾爲周守藏室之史(64)，周守藏室之史，即周藏書室之史(65)。漢代天下遺文古事，皆集於史官太史公手中(66)。加上史官掌管天人之間的各種事務而加以記錄，以致他們變成極爲博學多識的人。如載籍中常被引及的史佚，即是一位博學多識的史官。其言曰：「非我族類，其心必異(67)。」「無始禍，無怙亂，無重怒(68)。」「動莫若敬，居莫若儉，德莫若讓，事莫若咨(69)。」這豈非由博學發出的智慧光芒？

又如春秋時代人言及周大史辛甲云：

「昔周辛甲之為大史也，命百官，官箴王闕。於虞人之箴
曰：『芒芒禹迹，畫為九州，經啟九道，民有寢廟，獸有
茂草，各有攸處，德用不擾。在帝夷羿，冒于原獸，忘其
國恤，而思其麀牡。武不可重，用不恢于夏家。獸臣司
原，敢告僕夫。』」⑩

自此虞人之箴，可見辛甲地理知識的豐富，歷史識見的出眾。

再如春秋時楚的左史倚相，楚王稱他「能讀三墳、五典、八索、
九丘」⑪；楚大夫稱他「能道典訓以敘百物，以朝夕獻善敗於寡君，
使寡君無忘先王之業。又能上下說於鬼神，順其欲惡，使神無有怨痛
於楚國⑫。」倚相真可當博學多識的史官之名而無任何愧色了，中國
古代史官的宗教性任務，也清楚表達出來了。

史佚、辛甲、倚相以外，中國古代博學多識的史官，比比而是。
中國的一切學術，也皆自史官身上發出⑬。秦漢以後，以史官兼為馳
名史學家的司馬遷、班固、劉知幾，自然都是博學多識的史學家，唐
宋迄於明清，博學多識的人才，皆萃於史館、國史院、翰林院之中。
如此以言，中國史官的學養，應是在一般水準之上了。

中國史官的風節，從《左傳》上的記載，可以清楚看出來：

「宣公二年，趙穿攻靈公於桃園，大史書曰：『趙盾弒其
君』，以示於朝。宣子曰：『不然。』對曰：『子為正卿，亡
不越竟，反不討賊，非子而誰？』宣子曰：『嗚呼！我之
懷矣，自詒伊慼，其我之謂矣！』孔子曰：『董狐古之良
史也，書法不隱。』」
「襄公二十五年，太史書曰：『崔杼弒其君』。崔子殺之。

其弟嗣書，而死者二人。其弟又書，乃舍之。南史氏聞太
史盡死，執簡以往，聞既書矣，乃還。」

　　晉史官董狐不畏權勢人物的斧鉞，赤裸裸將歷史眞相記載下來；
齊史官爲記載眞歷史，兄弟三人相繼犧牲，而嗣書者不絕。「寧爲蘭
摧玉折，不作瓦礫長存」❼❹。這是史學上珍貴的直書精神，也是中國
史官高貴的風節。這種風節，一直維持不墮。唐代史官不讓天子看起
居注，是這種風節的表現。明淸之際，聲名狼藉的史官錢謙益，其人
自不足取，其阿附閹黨與淸兵下江南親自迎降，皆爲略具羞恥之心者
所不忍爲，但是中國史官的風節，卻從他身上隱約反映出來。他一生
以史官自居，「謙益史官也，有紀志之責」❼❺。於所作「王圖行狀」
云：「謙益舊待罪太史氏，竊取書法不隱之義，作爲行狀，其或敢阿
私所好，文致出入，曲筆以欺天下後世，不有人禍，必有天刑」❼❻。
於所作「路振風神道碑」云：「謙益以石渠舊老，衰殘載筆，其何敢
辟時畏禍，唫婀囁胡，以貽羞於信史❼❼？」於所作「劉一燝墓誌銘」
云：「謙益萬曆舊史官也，定陵復土，奔喪入朝，移宮甫定，國論廷
辨，歷歷在聽覩中。泳歷坊局，與聞國故，與羣小水火薄射，不相容
貫，皆深知其所以然，其忍不抵死奮筆，別白涇渭？庸以婥婀黨論，
侸錯靑史❼❽？」於所作「孫承宗行狀」云：「謙益壯而登公之門，今
老矣，其忍畏勢焰，避黨讎，自愛一死，以欺天下萬世？謹件繫排
纘，作爲行狀，以備獻於君父，下之史館，牒讀編錄，垂之無窮」
❼❾。於所作「楊漣墓誌銘」云：

　　「嗚呼！公之死慘毒萬狀，暴屍六晝夜，蛆蟲穿穴。畢命
之夕，白氣貫北斗，災害疊見，天地震動。其爲寃天猶知

之，而況於人乎？當其舁櫬就徵，自郊抵汴，哭送者數萬
人，壯士劍客，聚而謀篡奪者幾千人；所過市集，攀檻
車，看忠臣，及炷香設祭，祝生還者，自豫冀達荊吳，綿
延萬餘里；追贓令極，賣菜洗削者，爭持數錢投縣令匭
中，三年而後止；昭雪之後，街談巷議，動色相告，芸夫
數豎，有歎有泣，公之忠義，激烈波蕩海內，夫豈待誌而
後著？擊奸之疏，愍忠之論，大書特書，載在國史，雖微
誌無不知之？若夫光宗皇帝之知公，與公之受知於先帝，
君臣特達，前史無比，公之致命遂志，之死不悔者，在
此；而羣小之定計殺公者，亦在此。謙益苟畏禍懼死，沒
而不書，則舉世無有知之者矣」。**⑧**

中國史官不畏勢焰，秉筆直書的風節，皆從錢謙益的身上影射出
來了。

中國史官何以有此凜然而高貴的風節呢？此與其超然的立場有
關。中國史官原始的宗教性質職務，使其超然於政治之上，神聖獨
立，正直不屈**㉛**。所以他們記事，遵守共同必守之法，「君舉必書」，
「書法不隱」**㉜**。在記及弒君事件時，必用「弒其君」的字眼，如「趙
盾弒其君」、「崔杼弒其君」，用一個「其」字，表示記載者的超然立
場。那麼中國的史官，真像是神聖不可侵犯的歷史女神克麗歐（Clio）
了！如此看起來，中國史官的記事，是起源於歷史的興趣，是為了綿
延歷史。無數人每天直書當代發生的事件，千百年如一日，不能說是
沒有歷史的興趣，不能說不是為了綿延歷史。中國史官所以能如此，
自然是「國家法律尊重史官獨立，或社會意識維持史官尊嚴，所以好
的政治家不願侵犯，壞的政治家不敢侵犯，侵犯也侵犯不了」**㉝**。「這

種好制度不知從何時起，但從春秋以後，一般人暗中都很尊重這無形
的法律」❸ 。這又是整個中國民族及國家的優良傳統了。

(六)史官的修史事業

史官及時記載天下事，為史官在史學上的第一任務；修史則為史
官在史學上的第二任務。大抵東漢以前，史官祇作記事，不負責修史。
累世史官的司馬氏，至司馬談、司馬遷父子，創作《史記》，係私人
修史，而非職責所繫。魏晉以後，當史官大任的著作郎、著作佐郎，
記事之外，兼負了修國史的任務，所謂「國史之任，委之著作。」劉
知幾述其職掌云：「當魏太和中，始置著作郎，職隸中書，其官即周
之左史也。晉元康初，又職隸秘書，著作郎一人，謂之大著作，專掌
史任，又置佐著作郎八人。宋、齊已來，以佐名施於作下。舊事，佐
郎職知博探，正郎資以草傳，如正、佐有失，則秘監職思其憂。其有
才堪撰述，學綜文史，雖居他官，或兼領著作。亦有雖為秘書監，而
仍領著作郎者。若中朝之華嶠、陳壽、陸機、束皙，江左之王隱、虞
預、干寶、孫盛，宋之徐爰、蘇寶生，梁之沈約、裴子野，斯並史官
之尤美，著作之妙選也」❸ 。「按晉令，著作郎掌起居集注，撰錄諸
言行勳伐舊載史籍者」❸ 。可知著作郎、著作佐郎除記事之外，兼修
國史，採錄舊載史籍的資料（所謂言行勳伐），以作編錄起居注的準
備，同時著作佐郎負責博採資料，著作郎負責草擬，如不能勝任，則
選才堪撰述，學綜文史者兼領，以致魏晉南北朝期間，以史官兼為修
史名家的華嶠、陳壽、干寶、孫盛、沈約、裴子野一類的人物，便層
出不窮了。其時所修之史，也從起居注到其他一般的國史了。

自唐迄於清末，很標準的史官修撰、編修、檢討、修國史、同修

國史，其主要的職務爲修史，所謂「史官掌修國史。……凡天地日月
之祥，山川封域之分，昭穆繼代之序，禮樂師旅之事，誅賞廢興之
政，皆本於起居注、時政記以爲實錄，然後立編年之體」（見前引
《舊唐書》）。唐代史官的修史如此。明代的史官，其職仍爲「掌修
國史，凡天文、地理、宗潢、禮樂、兵刑諸大政，及詔敕書檄，批答
王言，皆籍而記之，以備實錄。國家有纂修著作之書，則分掌考輯撰
述之事」（見前引《明史》）。唐、明如此，宋、元、清亦然。以致
記事的職務，遂落入門下省中的起居郎及中書省中的起居舍人手中。
（《宋史》「職官志」云：「起居郎，一人，掌記天子言動。御殿則侍
立，行幸則從，大朝會則與起居舍人對立於殿下蠍首之側。凡朝廷命
令赦宥，禮樂法度損益因革，賞罰勸懲，羣臣進退，文武臣除授及
祭祀宴享臨幸引見之事，四時氣候，四方符瑞，戶口增減，州縣廢
置，皆書以授著作官。」又云：「起居舍人，一人，掌同門下省起居
郎。」），而修撰、編修、檢討、修國史、同修國史則在國史館或國史
院中修當代的國史及實錄，或在臨時設立的史館中修前朝歷史。以唐
代國史館修實錄、國史爲例，自其所據資料的廣泛，即知其撰修的情
況。《唐會要》載諸司應送史館事例云：

「祥瑞：禮部每季具錄送；天文祥異：太史每季並所占候
祥驗同報；藩國朝貢：每使至，鴻臚勘問土地風俗，衣服
貢獻，道里遠近，並其主名字報；蕃夷入寇及來降：表
狀，中書錄狀報，露布，兵部錄報，軍還日，軍將具錄陷
破城堡，傷殺吏人。掠擄畜產，並報；變改音律及新造曲
調：太常寺具所由及樂詞報；州縣廢置及孝義旌表：戶部
有即報；法令變改，斷獄新議：刑部有即報；有年及饑，

並水旱蟲霜風雹，及地震流水泛濫：戶部及州縣，每有即
勘其年月，及賑貸存恤同報；諸色封建：司府勘報，襲封
者不在報限；京諸司長官，及刺史都督護，行軍大總管、
副總管除授：並錄制詞，文官吏部送，武官兵部送；刺史
縣令善政異跡：有灼然者，本州錄附考使送；碩學異能，
高人逸士，義夫節婦：州縣有此色，不限官品，勘知的
實，每年錄附考使送；京諸司長官薨卒：本司責由歷狀跡
送；刺史都督都護，及行軍副大總管已下薨：本州本軍責
由歷狀，附便使送；公主百官定諡：考績錄行狀諡議同
送；諸王來朝：宗正寺勘報。以上事，並依本條所由，有
即勘報史館，修入國史。」[87]

　　唐代國史館修實錄、國史，主要根據日曆、起居注、時政記，但
自上面規定諸司應送史館事例看起來，其所蒐集的資料，極為廣泛，
連變改音律、新造曲調以及地方上碩學異能、高人逸士、義夫節婦的
言行，都一一網羅了。此蓋仿漢代天下計書先上太史公的傳統，將四
方所有的史料，皆集中於史館，史館據之以修屬於當代史的實錄、國
史。如此修成的實錄、國史，自是一國的全史，無遺錙銖之細。而負
撰修重任的，是置身史館的修撰、編修、檢討等史官。史官的修史職
務，自此可見一斑。
　　以宋代國史院、實錄院修實錄、國史為例，《宋史》「職官志」
云：

　　「國史實錄院　提舉國史　監修國史　提舉實錄院　修國史
同修國史　史館修撰、同修撰　實錄院修撰、同修撰　直史館
編修官　檢討官　校勘、檢閱、校正、編校官。

初，紹興三年，詔置國史院，重修神宗、哲宗實錄，以從
官充修撰，續以左僕射呂頤浩提舉國史，右僕射朱勝非監
修國史。四年，置直史館及檢討、校勘各一員。五年，置
修撰官二員，校勘官無定員。是時，國史、實錄皆寓史
館，未有置此廢彼之分。九年，修徽宗實錄，詔以實錄院
為名，仍以宰相提舉，以從官充修撰、同修撰，館官充檢
討，無定員。明年，以未修正史，詔罷史館官吏併歸實錄
院。二十八年，實錄書成，詔修三朝正史，復置國史院，
以宰臣監修，侍從官兼同修，餘官充編修。明年，詔國史
院以宰臣提舉，置修國史、同修國史共二員，編修官二
員。……隆興元年，以編類聖政所併歸國史院，命起居郎
胡銓同修國史。二年，參政錢端禮權監修國史；乾道元
年，參政虞允文權提舉國史，皆前所未有。二年，詔置實
錄院，修欽宗實錄，其修撰、檢討官以史院官兼領。四
年，實錄告成，詔修欽宗正史。以右僕射蔣芾提舉四朝國
史，詔增置編修官二員，續又增置三員。淳熙三年，特命
李燾以秘書監權同修國史、權實錄院同修撰。四年，罷實
錄院，專置史院。十五年，四朝國史成書，詔罷史院，復
開實錄院修高宗實錄。慶元元年，開實錄院修纂孝宗實
錄。六年，詔實錄院同修撰以四員、檢討官以六員為額。
嘉泰元年，開實錄院修纂光宗實錄。二年，復開國史院，
自是國史與實錄院並置矣。」

　　自此可知南宋以後設立的國史院與實錄院，其修國史、實錄，實
際參與撰修者，仍為修國史、同修國史、修撰、同修撰、編修、檢討

等史官，雖時常由天子的從官充任（這是極值訾議處！）而職稱則不變。到明清時代，人才薈萃的翰林院，是史官的所在地，修撰、編修、檢討往往由一甲進士除授，其素養可知，而其職責則為修史依然。清代自國史、實錄、聖訓以至軍事性質的方略，皆由翰林院中的史官負責撰修。史官的記事職務，到明清時代，已淪於沒有什麼重要了。

　　劉知幾於《史通》「史官建置」篇敍述完自上古迄於唐代史官沿革廢置以後，作一結論云：

「夫為史之道，其流有二。何者？書事記言，出自當時之簡；勒成刪定，歸於後來之筆。然則當時草創者，資乎博聞實錄，若董狐、南史是也；後來經始者，貴乎儁識通才，若班固、陳壽是也。必論其事業，前後不同。然相須而成，其歸一揆。

觀夫周、秦已往，史官之取人，其詳不可得而聞也。至於漢、魏已降，則可得而言。然多竊虛號，有聲無實。案劉（後漢）、曹（魏志）二史，皆當代所撰，能成其事者，蓋唯劉珍、蔡邕、王沈、魚豢之徒耳。而舊史載其同作，非止一家，如王逸、阮籍亦預其列。且叔師研尋章句，儒生之腐者也；嗣沈涵麴蘗，酒徒之狂者也。斯豈能錯綜時事，裁成國典乎？而近代趨競之士，尤喜居於史職，至於措辭下筆者，十無一二焉。旣而書成繕寫，則署名同獻，爵賞旣行，則攘袂爭受。遂使是非無準，真偽相雜，生則厚誣當時，死則致惑來代。而書之譜傳，借為美談；載之碑碣，增其壯觀。昔魏帝有言：『舜、禹之事，吾知之

矣。』此其效歟！」

劉知幾所謂「書事記言」，是及時的記載；「勒成刪定」，是後來
的撰修。他將爲史之道，分爲這兩類，且認爲二者相須而成，是千古
不易之論。力持記載者資乎博聞實錄，撰修者貴乎儁識通才，尤道出
史學的眞理。古今來濫竽史職者累累，是人謀之不臧，而史官制度既
已形成，記載、撰修的傳統，綿延不絕，中國的史學成績，遂茂然森
然，甲乎世界萬國之林了。

註　釋

❶ Herbert Butterfield, *History and Man's Attitude to the Past*,
in Listener, 21, September, 1961

❷ Herbert Butterfield, *Universal History and the Comparative
Study of Civilization,* in Sir Herbert Butterfield Cho Yun
Hsu and William H. McNeil, On Chinese and World
History, 1971, p. 19

❸ Herbert Butterfield, *The Origins of History*-1981, pp. 23-24

❹ Ihod., p. 89

❺ 參見 J. B. Bury, *The Ancient Greek Historians,* 1908, 1959
(Dover publication), p. 3; 王任光譯出其中的第一講＜希臘歷史寫
作的起源地──愛奧尼亞＞（The Rise of Greek History in
Ionia），收入王任光、黃俊傑編《 古代希臘史研究論集 》， 成文出版
社，民國六十八年初版。

❻ Arnaldo Momigliano, History And Biography, in Moses
Finley, ed., *The Legacy of Greece: A New Appraisal,* 1981,
p. 159

❼ Herbert Butterfield, *The History of the East*, in History, vol. XLVII, No. 160, June, 1962, p. 161

❽ 劉知幾《史通》「史官建置」篇云;「史之建官，其來尙矣。昔軒轅氏受命，倉頡、沮誦，實居其職。」

❾ 一九八六年三月，陝西鎬京考古隊在西安市西郊一個原始社會遺址，發掘出一批文字，是刻在骨笄、獸牙和獸骨上的，已淸理出來的單體字有十幾個。據陝西考古硏究所副硏究員鄭洪春等人，在西安擧行的「國際性考古學術會議」上提出的「簡論長安門花園村客省莊二期文化遺址出土骨刻原始文字」論文指出，這比殷墟甲骨文，時代要早一千二百年以上，約相當於黃帝時代和夏代初期。鄭洪春在會上展示了十餘枚刻劃獸骨和骨器的拓片以及幻燈片，這種形體小如蠅頭，筆劃細若蚊足，刀法樸拙，字跡淸晰的原始文字，其形體結構與殷墟甲骨文極爲類似。目前已能辨識的有「人」、「萬」、「元」等字，以及類似今天的「二」、「三」、「八」等數字。（參見一九八六年五月二日《明報》以及民國七十七年十一月十一日《聯合報》）

❿ 參見高國抗《中國古代史學史槪要》（廣東高等教育出版社，一九八五年初版），頁一三至一七。

⓫ 李宗侗《中國史學史》（中華文化出版事業委員會，民國四十四年初版），頁三。

⓬ 李宗侗＜史官制度——附論對傳統之尊重＞（載於民國五十四年十一月臺灣大學《文史哲學報》第十四期）一文論及之，今取其說。

⓭ 《後漢書》「班彪列傳」。

⓮ 日本、韓國、越南在中國影響下，雖偶設史官，但不能與中國的史官制度，相提並論。參見朱雲影＜中國史學對於日韓越的影響＞一文（載於民國五十一年五至六月《大陸雜誌》第二十四卷第九、十、十一期）。

⓯ 吳大澂《說文古籀補》

⓰ 王國維《觀堂集林》卷六「釋史」。

⑰ 文載《大陸雜誌》第十四卷第三期，民國四十六年十二月。

⑱ 江永於《周禮疑義舉要》云：「凡官府簿書謂之中。」章炳麟於《文始》卷七云：「中本册之類。」羅振玉於《殷虛書契考釋》云：「中象册形。」戴君仁＜釋『史』＞一文，載於臺灣大學《文史哲學報》第十二期，民國五十二年十一月。

⑲ 《漢書》「司馬遷傳」。

⑳ 見《後漢書》「百官志」太史令下之本注。按其本注爲司馬彪所注。

㉑ 《尙書》「金縢」。

㉒ 王國維於＜釋史＞一文中，論定作册卽是內史；徐復觀於＜原史──由宗教通向人文的史學的成立＞一文（載於《新亞學報》第十二卷，一九七七年八月）中謂作册卽是史。

㉓ 《觀堂集林》卷一＜洛誥解＞。

㉔ 徐復觀＜原史──由宗教通向人文的史學的成立＞。

㉕ 《左傳》「僖公二十八年」。

㉖ 《左傳》「襄公三十年」。

㉗ 戴君仁＜釋『史』＞一文云：「由史知天道，故其原始職務掌祭祀而包括卜筮星曆，都屬於天道神事。降而兼及人事，乃有册命封爵和記事的職務，甚至管及政務，如王國維氏所說。雖記事記言，遠在商代已有，而依理推測，他的職務，先天後人，應當不會大錯。」

李宗侗＜史官制度──附論對傳統之尊重＞一文云：「政權皆出自最初的神權，所以史所記載的事，在原則上皆與宗教有關。」

㉘ 徐復觀＜原史──由宗教通向人文的史學的成立＞一文，論及史職由宗敎向人文方面演進，甚有卓見。

㉙ 《周禮》「春官宗伯第三」：「大史：下大夫二人，上士四人。小史：中士八人，下士十有六人，府四人，史八人，胥四人，徒四十人。馮相氏：中士二人，下士四人，府二人，史四人，徒八人。保章氏：中士二人，下士四人，府二人，史四人，徒八人。內史：中大夫一人，下大夫二

人，上士四人，中士八人，下士十有六人，府四人，史八人，胥四人，徒四十人。外史：上士四人，中士八人，下士十有六人，胥二人，徒二十人。御史：中士八人，下士十有六人，其史百有二十人，府四人，胥四人，徒四十人。其任史職者二三五人，府及胥、徒一九二人。」

㉚ 依次見《左傳》「襄公二十五年」、「閔公二年」、「宣公二年」、「文公十八年」、「哀公十一年」。

㉛ 依次見《左傳》「襄公十四年」、「昭公十二年」。

㉜ 《左傳》「莊公三十二年」、「僖公十六年」、「僖公二十八年」、「文公元年」。

㉝ 《左傳》「襄公二十三年」。

㉞ 金毓黻在其《中國史學史》（商務，民國三十年初版）第一章列一古代史官表，自黃帝時代起，迄漢武帝時止，共得七十八人（闕名者十二人）；其中周代王室及諸侯的史官共六十三人。劉節的《中國史學史稿》（蘭州中州書畫社，一九八二年初版）沿用此表。席涵靜著《周代史官研究》（福記圖書公司，民國七十二年初版），附列見於著錄之「周代史官表」，共得一百二十九人，超出一倍，今姑據之。

㉟ 惠棟引《環濟要略》之說，見惠氏《後漢書補注》。

㊱ 《後漢書》「百官志」太史令下本注。

㊲ 見《晉書》「職官志」、《宋書》「百官志」、《魏書》「官氏志」、《齊書》「百官志」、《隋書》「百官志」、《舊唐書》「百官志」及《新唐書》「百官志」。

㊳ 見《後漢書》「蔡邕傳」注引邕上書自陳。

㊴ 見《晉書》「職官志」。

㊵ 同上。

㊶ 《史通》「覈才」篇引晉令。另《宋書》「百官志」云：「（晉）惠帝……置著作郎一人，佐郎八人，掌國史。周世左史記事，右史記言，即其任也。……著作郎謂之大著作，專掌史任。晉制，著作佐郎始到職，必

撰名臣傳一人。」

㊷《隋書》「百官志」云:「梁……有撰史學士。」《陳書》「顧野王傳」、「傅縡傳」，顧、傅二人皆曾作撰史學士；另「張正見傳」、「阮卓傳」，張、阮二人曾作撰史著士，想二者性質相同。《史通》「史官建置」篇云:「齊梁二代，置修史學士，陳氏因循，無所變革。」修史學士與撰史學士，蓋無不同。

㊸ 見《舊唐書》「職官志」、《新唐書》「百官志」、《宋史》「職官志」、《遼史》「百官志」、《元史》「百官志」、《明史》「職官志」、《清史稿》「職官志」。

㊹ 見《宋史》「職官志」、《元史》「百官志」、《明史》「職官志」、《清史稿》「職官志」。

㊺ 見《宋史》「職官志」、《金史》「百官志」。

㊻《明史》「職官志」稱史官修撰、編修、檢討之職掌如此。淸沿明制，當無太大改變。

㊼ 關於史官的名稱，多參用朱希祖之說，見朱著《史館論議》(學生書局，民國六十七年景印初版）中＜史官名稱議＞一文。惟其力言「史署起於後漢東觀，史官起於後漢著作郞」，則殊誤。

㊽ Preface: *Histories of the Latin and Germanic Nations from 1494-1535, in Fritz Stern's The Varieties of History,* 1956, p. 57

㊾《禮記》「曲禮」篇云:「史載筆」。

㊿《左傳》「莊公二十三年」。

(51)《禮記》「玉藻」篇。

(52)《史記》「晉世家」。

(53)《史記》「廉頗藺相如列傳」。

(54)《左傳》「僖公七年」管仲之言。

(55) 毛詩「靜女傳」。

㊶ 金毓黻＜釋記注＞一文，言之頗詳。該文原載國史館館刊創刊號（民國三十六年十二月），收入杜維運、黃進興編《中國史學史論文選集》（華世出版社，民國六十五年初版）。

談唐代史館與史官最詳盡之作，為張榮芳的《唐代的史館與史官》（中國學術著作獎助會，民國七十三年初版）。

㊷ 《史通》「史官建置」篇。

㊸ 同上。

㊹ 《新唐書》「朱子奢傳」。

㊿ 同書「鄭朗傳」。

㉖ 同書「魏謩傳」（附見於「魏徵傳」）。

㉖ 關於天子不觀起居注，詳見趙翼《廿二史劄記》卷十九「天子不觀起居注」條。

㉖ 王國維《觀堂集林》卷五「史籀篇疏證序」云:「古者讀書皆史事。」卷六＜釋史＞云:「史之職專以藏書、讀書、作書為事。」

㉖ 《史記》「老莊申韓列傳」。

㉖ 《史記》索引之說。

㉖ 《史記》「太史公自序」云:「百年之間，天下遺文古事，靡不畢集太史公。」

㉖ 《左傳》「成公四年」。

㉖ 《左傳》「僖公十五年」。

㉖ 《國語》「周語下」。

⑦ 《左傳》「襄公四年」晉大夫魏絳所稱述。

⑦ 《左傳》「昭公十二年」。

⑦ 《國語》「楚語下」。

⑦ 參見劉師培＜古學出於史官論＞（《國粹學報》一卷四期，一九〇五年）、＜補古學出於史官論＞（《國粹學報》第十七期，一九〇六年）。

⑦ 《史通》「直書」篇。

⑦⑤　錢謙益《初學集》卷三十五「汪母節壽序」。

⑦⑥　同上，卷四十八「故禮部尙書兼翰林院學士協理參事贈太子太保諡文肅
王公行狀」。

⑦⑦　錢謙益《有學集》卷三十四＜光祿大夫柱國太子太師吏兵二部尙書武英
殿大學士贈特進光祿大夫左柱國太傅諡文貞路公神道碑＞。

⑦⑧　同上，卷二十八「特進光祿大夫柱國少傅兼太子太傅吏部尙書中極殿大
學士諡文端劉公墓誌銘」。

⑦⑨　《初學集》卷四十七「特進光祿大夫柱國少師兼太子太師兵部尙書中極
殿大學士孫公行狀」。

⑧⓪　同上，卷五十＜都察左副都御史贈右都御史加贈太子太保諡忠烈楊公墓
誌銘＞。

⑧①　Herbert Butterfield, 於 *The Origins of History* 一書頁一四二論
中國的史官云：
「卽使在古代，　史官每天記錄發生的事件。……『史』被視爲神聖獨
立，正直不屈。」(Even at the early date, he (the shih) rec-
orded events as they happened, day by day.……"the shih"
was supposed to act as an independent authority and to
be a man of great integrity.) 一個外國史學家看中國的史官有如
此，其驚訝是可以想像的。

⑧②　語出《左傳》「莊公二十三年」、「宣公二年」。討論中國史官記事遵守
共同必守之法，說詳見柳詒徵《國史要義》「史權篇」。

⑧③　梁啓超《中國歷史研究法補編》，頁一五四。

⑧④　同上。

⑧⑤　《史通》「史官建置」篇。

⑧⑥　同上。

⑧⑦　《唐會要》卷六十三。

第二章 《尚書》與史學

　　春秋戰國時代的著述，常常引及《夏書》、《商書》、《殷書》、《周書》、《周志》❶，這一些應當是夏商周三代的史書。《墨子》中稱「尙考之乎商周虞夏之記」❷，則說明虞舜時代已有史書出現了。《左傳》中言及楚左史倚相能讀三墳、五典、八索、九丘❸，可能這是更古的史書。不過此類史書皆不傳。傳於今天最早的史書是《尙書》，所以一般就稱《尙書》是中國的第一部史書了。

　　中國古代保存極爲豐富的官方性質的文獻，如典、謨、誥、誓、命一類之文皆是。典是重要史事的記錄，謨是大臣的謀畫，誥是天子的文告，誓是誓衆的辭令，命是冊封的文章。這類文獻，保存的數量，可能在數千種以上❹。孔子刪其繁重，上起唐堯，下迄秦穆公，編爲《尙書》百篇。司馬遷曾言其事云：「孔子之時，周室微而禮樂廢，詩書缺。追跡三代之禮，序書傳，上紀唐虞之際，下至秦繆，編次其事。……故書傳、禮記自孔氏」❺。班固也說：「書之所起遠矣，至孔子纂焉。上斷於堯，下訖於秦，凡百篇，而爲之序，言其作意」❻。深富懷疑精神的劉知幾於千年後仍然說：「孔子觀書於周室，得虞、夏、商、周四代之典，乃刪其重者，定爲尙書百篇」❼。

　　《尙書》百篇之說，自然令人懷疑。《尙書》係經孔子刪定，則可確信❽。不過，這部書經過嬴秦焚書以後，已經殘缺。博士伏生藏於牆壁間的一部，經過數十年後，損壞大半，到漢文帝時代出現時，祇剩了二十八篇，這是所謂今文《尙書》，係用漢代通行的棣書書

寫。漢武帝時，魯恭王壞孔子故宅，在牆壁中又發現了一部《尚書》，是用先秦書體書寫的，篇數比今文尚書多出十六篇，這是所謂古文《尚書》。古文《尚書》經過西晉永嘉之亂，全部亡佚。東晉突有梅賾其人者，以一部古文尚書進獻朝廷，比今文尚書多二十五篇，又附帶孔安國所做的全部注釋，即所謂「孔安國傳」。這部來歷不明的古文《尚書》，歷經千餘年變成舉國上下視爲神聖不可侵犯的經典，直到清初學者閻若璩才斷定其僞❾。《尚書》所歷的浩劫如此。

現存非僞書的今文《尚書》二十八篇，其細目如下：

虞書二篇：堯典、皋陶謨

夏書二篇：禹貢、甘誓

商書五篇：湯誓、盤庚、高宗肜日、西伯戡黎、微子

周書十九篇：牧誓、洪範、金縢、大誥、康誥、酒誥、梓材、召誥、洛誥、多士、無逸、君奭、多方、立政、顧命、呂刑、文侯之命、費誓、秦誓

近代不少學者對於今文《尚書》各篇寫成的時代，曾作深入的討論。一般認爲其中大部分寫成於當代，極其原始，小部分係後人述古之作。如虞書、夏書中的各篇，商書中的「湯誓」篇，周書中的「牧誓」、「洪範」兩篇，是戰國時代的作品；商書中「盤庚」以下各篇，是商代的作品；周書中「金縢」以下各篇，是西周初期到中期的作品❿。惟戰國時代的述古之作，決非出於想像的僞託，而係有其堅實的根據。如堯典中滲入了秦倂天下以後的制度，此一事實說明伏生所傳的《尚書》，可能是秦的官本，經過秦博士的整理⓫。「堯典」如此，其他可能寫成於戰國時代的各篇，必有原資料作依憑⓬。所以從《尚書》寫成的時代，不能否定孔子是《尚書》的刪定者。後人增竄古書的習慣，中外皆有。明於此，上古史上的一些問題，就比較容易解決了。

「《書》記先王之事，故長於政」⑬。「《書》者，政事之紀」
⑭。「《尚書》者……上古帝王之書」⑮。《尚書》是中國古代的一
部政治史，自堯舜以迄秦穆公時代政府的重要策命誥誓以及政治上的
大事件，皆記載於其中。其在史學上所開創者，其一是其所創記言兼
記事的傳統，其二是因事命篇、不拘常例的獨特風格⑯。

「左史記言，右史記事，事爲《春秋》，言爲《尚書》」⑰。一般以《
尚書》爲記言之書，實際上《尚書》也兼記事。「堯典」廣泛的記載堯舜
兩朝的大事；「禹貢」記載夏朝地理、經濟及社會狀況⑱；「金縢」環繞
著金縢藏書、啓書的情節，敍述周公的忠貞、遭讒以至終於得到諒解的
整個事件的發展過程，前後六年，有始有終；「顧命」以成王病重開始，
接著寫成王的遺命，此後寫成王崩後奉迎康王的禮儀，再接著寫康王和
卿士進入廟堂君臣相見及康王之誥，利用時間的順序、空間的方位，將
易於陷入繁瑣混亂的細節，寫得清清楚楚，並且還能寫出一種靜穆莊嚴
的氣氛；不是記事的周初八誥，「大誥」、「康誥」、「酒誥」、「梓材」、
「召誥」、「洛誥」、「多士」、「多方」，稽其實，是記載關於周公東征、營建洛
邑、封建諸侯的大事件，反映周室征服與治理天下的過程；「召誥」中
所云：「惟二月，旣望，越六日乙未，王朝步自周，則至于豐。惟太保
先周公相宅；越若來三月，惟丙午朏，越三日戊申，太保朝至于洛，卜
宅。厥旣得卜，則經營。越三日庚戌，太保乃以庶殷，攻位于洛汭；
越五日甲寅，位成。若翼日乙卯，周公朝至于洛，則達觀于新邑營。
越三日丁巳，用牲于郊、牛二。越翼日戊午，乃社于新邑，牛一，羊
一，豕一。越七日甲子，周公乃朝用書命庶殷 —— 侯、甸、男、邦伯。
厥旣命殷庶，庶殷丕作。太保乃以庶邦冢君，出取幣，乃復入，錫周
公」，則是很標準的記事。以《尚書》的記事與殷代卜辭、周代彝銘的
記事相比較，有頗多相近之處⑲。可知殷代卜辭、周代彝銘已現出史

書的雛形；記事的歷史最早出現，大異於希臘先出現史詩❷，也變成中國史學的一大特色。《尚書》大量記言，則豐富了史書的內容。以後中國兩千餘年的史學，從來沒有放棄記事兼記言的傳統。直到民國時代西方史學急驟輸入後，才開始轉變。

《尚書》各篇，因事命名，不拘常例，寫法也多變化，不墨守一定的法則，以致一種體圓用神的史學體例現出端倪。「史為記事之書，事萬變而不齊，史文屈曲而適如其事，則必因事命篇，不為常例所拘，而後能起訖自如，無一言之或遺而或溢也。此《尚書》之所以神明變化，不可方物」❷。萬變不齊的史事，必須有一種靈活的史學體例適應。「神明變化，不可方物」的《尚書》出現，應是為中國史學掀開新的一頁。以後紀事本末體以一事為一篇，各詳起訖，各自標題，門目分明，始末了然，顯係接受《尚書》的遺傳。「神奇可化臭腐；臭腐亦復化為神奇。紀事本末本無深意，而因事命題，不為成法，則引而伸之，擴而充之，遂覺體圓用神，《尚書》神聖制作，數千年來可仰望而不可接者，至此可以仰追」❷。自清代史學家章學誠之言，可以看出《尚書》所到達的史學境界。推崇《尚書》為「史家之權輿」❷，實不為過。

《尚書》在經學上的地位崇高，譽為「七經之冠冕，百氏之襟袖」❷，不是溢美。大凡內聖外王之道，建國君民之理，皆含蘊於其中。如云：「知人則哲，能官人安民則惠，黎民懷之」❷。「天聰明自我民聰明，天明畏自我民明畏」❷。「爾無不信，朕不食言」❷。「三人占，則從二人之言。汝則有大疑，謀及乃心，謀及卿士，謀及庶人」❷。「欲至于萬年惟王，子子孫孫永保民」❷。「穆穆在上，明明在下，灼于四方，罔不惟德之勤」❸。

「如有一介臣，斷斷猗，無他技；其心休休焉，其如有
容。人之有技，若己有之；人之彥聖，其心好之，不啻如
自其口出，是能容之。以保我子孫黎民，亦職有利哉。人
之有技，冒疾以惡之；人之彥聖，而違之俾不達，是不能
容。以不能保我子孫黎民，亦曰殆哉。邦之杌隉，曰由一
人；邦之榮懷，亦尚一人之慶」❸。

　　這一類含有至理的名言，比比皆是。而且這些不是空洞的語言，
乃古代聖王身體力行，且詔示臣下遵行者。既是上古以來智慧的累
積，又是歷史的實驗品，孔子以史學家的慧眼，將其編定為一書，且
兼記述重大事件，於是人類的智慧與文明，保存於歷史之中；於是一
部可以「疏通知遠」❷，眞有益於人類的歷史大著，悠然問世。史
學，史學，至此現形。

註　釋

❶　以《左傳》為例，其引及夏書、商書、周書、周志者如下：

莊公十四年　商書所謂「惡之易也，如火之燎于原，又可鄉邇，其猶可
撲滅？」

僖公二十四年　夏書曰：「地平天成。」

僖公二十七年　夏書曰：「賦納以言，明試以功，車服以庸。」

文公二年　周志有之：「勇則害上，不登於明堂。」

公文六年　商書曰：「沈漸剛克，高明柔克。」

文公七年　夏書曰：「戒之用休，董之用威，勸之以九歌，勿使壞。」

宣公十五年　周書所謂「庸庸祗祗」者。

成公六年　商書曰：「三人占，從二人。」

昭公十七年　夏書曰：「辰不集于房，瞽奏鼓，嗇夫馳，庶人走。」

以《墨子》爲例，其「七患」篇云：

「夏書曰：『禹七年水。』殷書曰：『湯五年旱』。」

「夏書曰：『國無三年之食者，國非其國也；家無三年之食者， 子非其子也。』」

其他載籍所引，不復贅。

❷ 墨子「非命」篇。

❸ 《左傳》「昭公十二年」。

❹ 根據漢人的傳說，古代的書有三千二百四十篇，見《尚書正義》引璿璣鈴之說。

❺ 《史記》「孔子世家。」

❻ 《漢書》「藝文志」。

❼ 《史通》「六家」篇。

❽ 屈萬里於《先秦文史資料考辨》第三章頁三一六云：

「孔子用《詩》、《書》教導學生，這兩部經書，當時必定都有敎本。《史記》『孔子世家』和《漢書》『藝文志』，都說《尚書》是孔子編定的，其說當可相信。不過，『漢志』說孔子編定的《尚書》一百篇，這話就有問題。」

錢穆於《孔子傳》一書中否定孔子序書傳之說(頁一一○)，惟證據薄弱。

❾ 五十三篇僞古文《尚書》，歷經隋、唐、五代， 都沒被人發覺。到宋代，吳棫、朱子等，才開始懷疑。明代的郝敬和梅鷟，都認爲是僞書。梅鷟的《尚書考異》，曾舉了二十五條證據，以明其僞。清初閻若璩用畢生之力，寫了《尚書古文疏證》一書，舉出一百二十八條證據，以證明古文《尚書》之僞，於是這一學術公案就定案了。惠棟、段玉裁繼閻氏之後，寫《古文尚書考》、《古文尚書撰異》，益使此案確定。丁晏的《尚書餘論》，揭露僞造者爲魏的王肅。

❿ 陳夢家在《尚書通論》第六章頁一一二云：

「今文尚書應分別考定其年代，在此約略地推斷如下：

一、西周初期的命書

周書：康誥、酒誥、洛誥、君奭、立政、梓材、無逸、多士、多方、康

王之誥、召誥、大誥。

二、西周中期以後的命、誓

周書：呂刑、文侯之命、秦誓。

三、約爲西周時代的記錄

周書：金縢、顧命、費誓。

四、戰國時代擬作的誓：

夏書：甘誓；商書：湯誓、盤庚；周書：牧誓。

五、戰國時代的著作：

虞書：堯典、舜典、皋陶謨、益稷；夏書：禹貢；商書：高宗肜日、西

伯戡黎、微子；周書：洪範。」

屈萬里於《先秦文史資料考辨》中考證堯典、皋陶謨是戰國時人的述古

之作；禹貢成於春秋晚年；甘誓、湯誓、高宗肜日、西伯戡黎、微子、

牧誓大約是戰國時人的述古之作；盤庚大約是殷代晚年或西周初年的產

物；洪範當是戰國時代的作品；金縢是戰國時代的產物；大誥是周成王

時代的作品；康誥是周武王時代的作品；酒誥、梓材、召誥、雒誥、多

士、無逸、君奭、多方、立政是西周初年的作品；顧命是當時的記載；

費誓是當時的誓辭；呂刑是何時的作品，不能確定；文侯之命是周平王

命晉文侯的文書；秦誓作於秦穆公三十三年。（見頁三一〇～三二六）

陶懋炳於《中國古代史學史略》中云：「商書自盤庚以下方爲當時人

作，可以置信。」（頁三）

白壽彝於《中國史學史》第一冊云：「《尙書》，現存有古文二十五

篇，是僞書，但各篇所記，並不盡出捏造。今文二十八篇中的虞書、夏

書共四篇，是春秋戰國時人根據相傳舊說，綜合整理或改寫出來的。商

書五篇，當以「盤庚」寫成最早，也最有文獻的價值。《史記》「殷本紀」

說「盤庚」是帝小辛時的作品，距事實或相差不遠。周書共十九篇，除

了洪範是戰國時作品，文侯之命和秦誓是東遷後作品，呂刑的時代待考外，基本上可信爲宗周作品者，共十五篇。」（頁二〇二～二〇三）

尹達於《中國史學發展史》中云：「《尚書》……今文二十八篇，包括虞書二篇，夏書二篇，商書五篇，周書十九篇，大部分爲周史官撰集整理的文獻和當時的一些記錄。夏書中的甘誓，商書中的湯誓、高宗肜日、西伯戡黎、微子，周書中的牧誓、洪範、金縢、無逸、君奭、立政、顧命，是雖經後人作過某些增益潤飾，但仍基本上ㄇ爲ㄩ可信的眞文件；虞書的堯典、皋陶謨及夏書的禹貢三篇，可斷定戰國時人擷集舊材料編寫的。其餘的則可信爲眞文件。」（頁一八～一九）

⑪ 說見陳夢家《尚書通論》頁一一〇至一一一。

⑫ 可參考白壽彝《中國史學史》第一册頁二〇二。

⑬ 《史記》「太史公自序」。

⑭ 《荀子》「勸學篇」。

⑮ 王充《論衡》「正說」篇。

⑯ 章學誠《文史通義》「書教上」云：「記曰：『左史記言，右史記動。』其職不見於周官，其書不傳於後世，殆禮家之衍文歟？後儒不察，而以《尚書》分屬記言，《春秋》分屬記事，則失之甚也。夫《春秋》不能舍傳而空存事目，則左史所記之言，不啻千萬矣。《尚書》典謨之篇，記事而言亦具焉；訓誥之篇，記言而事亦見焉。古人事見於言，言以爲事，未嘗分事言爲二物也。」「書教下」則云：「按本末之爲體也，因事命篇，不爲常格，……文省於紀傳，事豁於編年，決斷去取，體圓用神，斯眞尚書之遺也。」

⑰ 《漢書》「藝文志」。

⑱ 參見李民《尚書與古史研究》（增訂本）頁四五至六四「禹貢與夏史」部分。

⑲ 參見劉節《中國史學史稿》頁二〇。

⑳ 同書頁一六及二三。

㉑　《文史通義》「書教下」。

㉒　同書「與邵二雲論修宋史書」。

㉓　錢大昕「廿二史劄記序」（載於趙翼《廿二史劄記》前）云：「昔仲宣贊
　　修六經，而尚書、春秋實爲史家之權輿。」

㉔　劉知幾《史通》「斷限」篇。

㉕　「臯陶謨」。

㉖　同上。

㉗　「湯誓」。

㉘　「洪範」。

㉙　「梓材」。

㉚　「呂刑」。

㉛　「秦誓」。

㉜　《禮記》「經解」。

引及書目

尚書正義　孔穎達正義　十三經注疏本。

尚書今古文注疏　孫星衍　中華書局　四部備要本。

尚書考異　梅鷟　杭州局本。

尚書古文疏證　閻若璩　藝文印書館　影印本。

古文尚書考　惠棟　學海堂本。

古文尚書撰異　段玉裁　學海堂本。

尚書餘論　丁晏　槐廬叢書本。

尚書通論　陳夢家　中華書局　一九八五年十月新一版。

尚書與古史研究（增訂本）　李民　中州書畫社一九八一年四月第一版。

禮記訓纂　朱彬　中華書局　四部備要本。

春秋左傳詁　洪亮吉　中華書局　四部備要本。

墨子閒詁　孫詒讓　世界書局　新編諸子集成本。

荀子集解　王先謙　世界書局　新編諸子集成本。

史記會注考證　瀧川龜太郎　洪氏出版社。

漢書　班固　藝文印書館景印　長沙王氏刻本。

論衡　王充　世界書局　新編諸子集成本。

史通通釋　劉知幾撰　浦起龍釋　九思出版公司。

文史通義校注　章學誠撰　葉瑛校注　中華書局。

廿二史劄記　趙翼　湛貽堂原刻本。

先秦文史資料考辨　屈萬里　聯經出版事業公司　民國七十二年二月初版。

孔子傳　錢穆　東大圖書公司　民國七十六年七月初版。

中國史學史稿　劉節　中州書畫社　一九八二年初版。

中國史學發展史　尹達主編　中州古籍出版社　一九八五年初版。

中國史學史第一冊　白壽彝　上海人民出版社　一九八六年初版

中國古代史學史略　陶懋炳　湖南人民出版社　一九八七年初版。

第三章　萬斯同之史學

　　浙東史學，歷宋、元、明數代，賡續發展❶，至清初黃宗羲氏出，而驟成中興局面。黃氏從劉宗周遊，又值國變，天移地轉，乃融悲憤、節義於學術之中，以理學之體，發爲經世之史學。所著《明儒學案》、《元儒學案》、《宋儒學案》，爲學術思想史之鉅製❷；所輯《南雷文約》、《南雷文案》、《南雷文定》，爲以碑傳代史傳，無愧班馬之宏文。「徘徊家國存亡之故，執筆泫然❸。」「家國之恨，集於筆端，不覺失聲痛哭，棲鳥驚起，後之覽者，亦將有感於斯文❹。」其悲憤凄婉，後人可以想像；「後之君子，其考信於斯文❺」，「太史遄荒，石渠蕭瑟，茫茫來者，誰稽故實，藉此銘章，有如皎日❻。」其存史之志願，千古可以共鑑。

　　首傳黃氏史學者，爲萬斯同氏。萬氏字季野，學者稱石園先生，浙江鄞縣人，生於明崇禎十一年（一六三八年）。其父萬泰以文章風節領袖東南❼，泰有八子，萬氏最幼，性不馴，乃閉之空室中，萬氏竊視架上，有明史料數十冊，讀之甚喜，數日而畢❽。自是酷嗜讀史，從黃氏遊，黃氏置之高座❾，得聞蕺山劉氏之學。其讀書，五行並下，如決海堤❿，復能過目成誦，明洪武至天啓實錄，皆能闇誦⓫。清康熙十八年（一六七九年），設史館修明史，總裁徐元文延萬氏入史館，萬氏初不欲往，請之其師黃氏，黃氏勉之，乃成行。至則辭史館而寄居總裁所，任刊修之職，不署銜，不受俸，以明其以布衣參與修史之節。其後繼徐元文任總裁之張玉書、陳廷敬、王鴻緒，皆

延萬氏於其家，迄於康熙四十一年（一七〇二年）萬氏卒於京師止。然則萬氏之盡瘁史學，蓋可知矣。

萬氏之史學，有極值稱述者三：

一曰明史之創垂也：清初志修明史者，殆難枚舉。若錢謙益，若戴名世，若吳炎、潘檉章，若參與明史館之毛奇齡、朱彝尊、施閏章、湯斌、汪琬、尤侗、潘耒，皆其著者，而眞能留有明三百年之歷史者，必以萬氏爲第一人。以錢、戴、吳、潘四氏與萬氏相比較，錢謙益嫻於明代掌故，而無萬氏之史德；戴名世有優美之史才，而不若萬氏能盡去文人之習；吳炎、潘檉章史才、史識皆具，而博學不能望萬氏之項背。萬氏自束髮未嘗爲時文，專意古學，博通諸史，尤熟於明代掌故[12]。少館於某氏，其家有列朝實錄，默識暗誦，未嘗有一言一事之遺。長遊四方，就故家長老求遺書，考問往事，旁及郡志、邑乘、雜家誌傳之文，靡不網羅參伍[13]。然則萬氏之明代歷史知識，可謂豐富無倫矣。萬氏復自歷史擴充範圍，講求經世之學，其所謂經世，非因時補救[14]，而爲「盡取古今經國之大猷，而一一詳究其始末，斟酌其確當，定爲一代之規模，使今日坐而言者，他日可以作而行」[15]。此卽彼所謂「儒者之實學」[16]。以視徒竭一生精力於古文，而爲無益天地生民之空言者，相去固不可道里計。萬氏寫史，著意於「一代之制度，一朝之建置，名公卿之嘉謨嘉猷，與夫賢士大夫之所經營樹立」[17]，此等識見，蓋自其經世之實學而發源也。萬氏又爲黃宗羲高弟，受理學訓練，認爲「身心性命之學，猶饑渴之於飲食」[18]，其理學之造詣亦可知。其理學沛而及於史，則爲能見歷史之是非，表章氣節，發明沉屈，其大端也。如於〈書宋史王應麟傳後〉一文云：「宋末東南遺老，莫賢於王厚齋、黃東發二公。宋社旣移，二公並潛隱山澤，杜門著書，二十餘年，至窮餓以沒，其高風峻節，眞足師表百

世。乃《宋史》二公之傳，于宋亡之後，絕不及其晚節一字。此何所
忌而掩抑若是？卽使詳書於史，何病於蒙古？蒙古人見之，豈卽加譴
謫？乃史官無識，使後人不得見高節，眞恨事也❶！」由此可見萬氏
史識之卓越也。博學而具有卓識，又熟於明代史事，然則謂淸初能留
有明三百年歷史者，萬氏爲第一人，又寧爲過哉!

　　猶有進者，萬氏修《明史》之志節，尤值盛道。觀其向好友劉坊
吐其心聲云：

> 「塗山二百九十三年之得失，竟無成書，其君相之經營創
> 建，與有司之所奉行，學士大夫之風尚源流，今日失考，
> 後來者何所據乎？昔吾先世，四代死王事，今此非王事
> 乎？祖不難以身殉，爲其曾玄，乃不能盡心網羅，以備殘
> 略，死尚可以見吾先人地下乎？故自己未以來，迄今廿年
> 間，隱忍史局，棄妻子兄弟不顧，誠欲有所冀也。」❷

　　劉坊自稱爲一「久放風塵」❸之人物，所交四方知名士，不勝指
數，獨服膺萬氏辨析不窮之閎論，數往候之❷。萬氏亦以隱忍史局之
「未白之衷」❷，坦誠相告。此爲萬氏獻身修《明史》而終有大貢獻
之關鍵所繫，亦萬氏勁節之所在也。

　　萬氏嘗評諸家所寫之《明史》云：

> 「鄭端簡之《吾學編》，鄧潛谷之《皇明書》，皆倣紀傳之
> 體，而事迹頗失之略。陳東筦之《通紀》，雷古和之《大
> 政紀》，皆倣編年之體，而襃貶間失之誣。袁永之之《獻
> 實》，猶之《皇明書》也。李宏甫之《續藏書》，猶之《
> 吾學編》也。沈國元之《從信錄》，猶之《通紀》。薛方山

之《獻章錄》，猶之《大政紀》也。其他若《典彙》、《史料》、《史概》、《國榷》、《世法錄》、《昭代》、《典則》、《名山藏》、《頌天》、《臚筆》、同時尚論錄之類，要皆可以參觀，而不可以為典要。惟焦氏《獻徵錄》一書，搜採最廣，自大臣以至郡邑吏，莫不有傳，雖姸媸備載，而識者自能別之。可備國史之採擇者，惟此而已。」❷⁴

其不滿意如此，故奮然：

> 「欲以國史為主，輔以諸家之書，刪其繁而正其謬，補其略而缺其疑，一仿通鑑之體，以備一代之大觀，故凡遇載籍之有關於明事者，未嘗不涉覽也，即稗官野史之有可以參見聞者，未嘗不寓目也。」❷⁵

其素志如此❷⁶。其赴京師修史，蓋出於不得已。其告人曰：「吾此行無他志，顯親揚名，非吾願也。但願纂成一代之史，可藉手以報先朝矣❷⁷。」且以羣書有不能自致者，必資有力者以成之，欲竟其事然後歸❷⁸。觀其「隱忍史局」四字，令人敬其節而哀其志❷⁹。觀其「弱妻病子，啼號破屋」❸⁰，而乃以布衣參史局，不署銜，不受俸，則令人感佩而唏噓不已矣。其所任刊修之職，類似近代之總審核。諸纂修官以稿至，皆送至其處覆審，每審畢，輒謂侍者曰：「取某書，某卷某葉有某事，當補入；取某書，某卷某葉某事當參校。」侍者如言而至，無爽者❸¹。一時京師修史諸公，亦多從萬氏折衷，萬氏皆樂為之駁正❸²。「不居纂修之名，隱操總裁之柄」❸³，蓋其實情。然則謂清初設史館修明史，總其成者為萬氏可也。同時人或謂萬氏

「撰本紀列傳凡四百六十卷，惟諸志未就」❸；或謂萬氏「《明史列傳》三百卷，存史館中」❸；或謂萬氏「溘然先逝，《明史列傳》甫脫稿，尚未訂正」❸；稍後之全祖望則云：「《明史稿》五百卷，皆先生手定，雖其後不盡仍先生之舊，而要其底本，足以自爲一書者也」❸。所謂《明史稿》或《明史列傳》，係萬氏自撰之稿耶？抑爲核定之稿耶？萬氏嘗病官修之史之雜亂矣，其言曰：「官修之史，倉卒而成於衆人，不暇擇其材之宜與事之習，是猶招市人而與謀室中之事耳」❸。其辭史局而就館總裁所，「惟恐衆人分操割裂，使一代治亂賢姦之迹，暗昧而不明」❸。是則其欲傾全力核定諸纂修官分撰之稿也。觀其與錢名世共同核稿時，「集書盈尺者四、五或八、九不止，與錢君商榷孰爲是，孰爲非，孰宜從，孰不宜從，孰可取一二，孰概不足取。商既定，錢君以文筆出之」❹。「季野踞高足床上坐，錢則炕几前執筆，隨問隨答，如瓶瀉水。錢據紙疾書，筆不停綴，十行並下，而其間受托請移斧鉞，乘機損益點竄諸史官之傳、紀，略無鑲漏。史稿之成，雖經史官數十人之手，而萬與錢實居之。噫！萬以煢煢一老，繫國史絕續之寄，洵非偶然❹。」其考核之辛勞，後人可以想見。惟彼確曾自撰史稿，觀其告方苞之言曰：「昔人於《宋史》已病其繁蕪，而吾所述將倍焉。非不知簡之爲貴也，吾恐後之人務博而不知所裁，故先爲之極，使知吾所取者有可損，而所不取者，必非其事與言之眞，而不可益也。子誠欲以古文爲事，則願一意於斯，就吾所述，約以義法，而經緯其文。他日書成，記其後曰：此四明萬氏所草創也。則吾死不恨矣❹。」是萬氏計畫撰寫之史稿，極爲繁富，有別於核定之稿。康熙四十一年萬氏卒於京師，其所撰之史稿，尚未竣事，此史稿應爲諸家所稱之《明史稿》或《明史列傳》，係萬氏所手定者。所可慨者，萬氏卒於明史館總裁王鴻緒家中，旁無親屬，所攜

書數十萬卷,爲錢名世囊括而去,所著《明史稿》數百卷,落於王鴻緒之手。王氏獲此巨寶,卽攘爲己有,每卷皆題「王鴻緒著」,板心且印有「橫雲山人集」字樣,自此費盡心血之萬稿,瞬息之間,一變而爲王稿矣❹!王稿於雍正元年(一七二三年)進呈,宣付明史館收藏,乾隆四年(一七三九年)張廷玉進呈之明史,亦卽現行之《明史》,卽係就王稿而增損之。其〈上明史表〉云:「臣等於時奉敕充總裁官,率同纂修諸臣開館排緝,聚官私之紀載,核新舊之見聞,籤帙雖多,牴牾互見。惟舊臣王鴻緒之史稿,經名人三十載之用心。進在彤闈,頒來秘閣,首尾略具,事實頗詳。在昔漢書取裁於馬遷,唐書起本於劉昫,苟是非之不謬,詎因襲之爲嫌,爰卽成編,用爲初稿❹。」刊定之《明史》,其基礎建立在王稿之上可見,且承認王稿「經名人三十載之用心」。於是錢大昕於〈萬先生斯同傳〉明白揭示云:「乾隆初,大學士張公廷玉等奉詔刊定《明史》,以王公鴻緒史稿爲本而增損之。王氏稿大半出先生手也。」然則官修正史中最稱精善之《明史》❹,其最大之功臣,爲萬氏可知矣。

黃宗羲於康熙三十一年(一六九二年)撰文云:

> 「嗟乎!元之亡也,危素趨報恩寺,將入井中。僧大梓云:
> 『國史非公莫知,公死,是死國之史也。』素是以不死。
> 後修元史,不聞素有一詞之贊。及明之亡,朝之任史事者
> 衆矣,顧獨藉一草野之萬季野以留之,不亦可慨也夫?!」❹

以黃氏關心明史之情懷,於萬氏赴京修史十三年後,如此慨然言之,可見萬氏一身繫明史之存亡,已爲當時朝野所共見。

梁啓超於民國十二年(一九二三年)倡言云:

季野為今本《明史》關係最深之人，學者類能知之。但吾
以為《明史》長處，季野實居其功；《明史》短處，季野
不任其咎。季野主要工作，在考證事實以求真是，對於當
時史館原稿，既隨時刊正，復自撰《明史稿》五百卷，自
言吾所取者或有可損，而所不取者必非其事與言之真而不
可益，故《明史》敍事翔實，不能不謂季野貽謀之善。……
《明史》能有相當價值，微季野之力，固不及此也❹。

　　萬氏卒後二百二十一年（萬氏一七〇二年卒），博通中西史學之
梁氏如此立論，殆為不可移易之論。

　　由此言之，萬氏創垂明史之大功，可與天地並存矣。

　　萬氏《明史稿》，尚存留天壤間，與並存之王稿相比對，相信為
一史學上之重要工作❹。

　　二曰歷代史表之補作也：劉知幾云：「觀太史公之創表也，於帝
王則敍其子孫，於公侯則紀其年月，列行縈紆以相屬，編字戢睒而相
排，雖燕越萬里，而於徑寸之內，犬牙相接，雖昭穆九代，而於方尺
之中，雁行有敍。使讀者閱之便覩，舉目可詳，此其所以為快也❹。」
又云：「表次在篇第，編諸卷軸，得之不為益，失之不為損。用使讀
者莫不先看本紀，越至世家，表在其間，緘而不視，語其無用，可勝
道哉❺！」劉氏一人之言論，忽謂有表為快事，忽謂表為無用之物，
此為有待商榷者。

　　夫表所以通紀傳之窮，事微不著者，錄而見之，表立而紀傳之文
可省。《史記》立十表，凡列侯、將相、三公、九卿，功名表著者，
既為立傳，此外大臣無功無過者傳之不勝傳，而又不容盡沒，則於表
載之。作史體裁，莫大於是❺。所立「十二諸侯年表」、「六國年表」，

又年經國緯，史事駢列，一目瞭然，「攬萬里於尺寸之內，羅百世於方冊之間」❷，表之妙用，於是無窮。《漢書》繼其後，立八表，所立「百官公卿表」，尤為美善。自《後漢書》以後，三國、宋、齊、梁、陳、魏、齊、周、隋諸朝之史皆無表，《南史》、《北史》亦無表。《新唐書》雖立宰相、方鎮、宗室世系三表，至新舊《五代史》復無表矣。正史中泰半缺表，正為其闕失，表又豈有無用之失哉?!

萬氏自弱冠時，即慨歎《後漢書》無表，於是取歷代正史之未著表者，一一補之，凡六十餘篇❸，益以〈明史表〉十三篇❹，於是正史之表完備。其細目如下：

東漢部分：

諸帝統系圖

諸王世表

外戚侯表

雲臺功臣侯表

宦者侯表

將相大臣年表

九卿年表

三國部分：

漢季方鎮年表

大事年表

魏國將相大臣年表

魏將相大臣年表

魏方鎮年表

漢將相大臣年表

吳將相大臣年表

三國諸王世表

　晉部分：

諸帝統系圖

諸王世表

功臣世表

將相大臣年表

東晉將相大臣年表

方鎮年表

東晉方鎮年表

僭僞諸國世表

僭僞諸國年表

僞漢將相大臣年表

僞成將相大臣年表

僞趙將相大臣年表

僞燕將相大臣年表

僞秦將相大臣年表

僞後秦將相大臣年表

僞後燕將相大臣年表

僞南燕將相大臣年表

　宋部分：

諸王世表

將相大臣年表

方鎮年表

　齊部分：

諸王世表

將相大臣年表

方鎮年表

　梁部分：

諸王世表

將相大臣年表

　陳部分：

諸王世表

將相大臣年表

　魏部分：

諸帝統系圖

諸王世表

異姓諸王世表

外戚諸王世表

將相大臣年表

西魏將相大臣年表

東魏將相大臣年表

　北齊部分：

諸王世表

異姓諸王世表

將相大臣年表

　周部分：

諸王世表

公卿年表

　隋部分：

諸王世表

大臣年表

　五代部分：

諸王世表

將相大臣年表

諸國世表

諸國年表

諸鎮年表

吳將相大臣年表

南唐將相大臣年表

南漢將相大臣年表

蜀將相大臣年表

後蜀將相大臣年表

北漢將相大臣年表❺❺

　　自此觀之，可謂洋洋大觀矣。所以不憚繁瑣，舉其細目，欲以藉見萬氏補正史之大功，譽之爲「不朽之盛事」❺❻，不爲溢美。而讀者於數千百年之後，逆溯數千百年以前，若列眉，若指掌，其彌足珍貴，可勝道哉！

　　萬氏長於作表，世有定論。其儒林宗派、歷代紀元彙考諸書，皆表之形式也。而表之作，非「其用心也勤，其考稽也博」❺❼，不克奏功。萬氏生千載而後，惟從故籍中精覽詳稽，心通本末，定其世次歲月，亦事之極難而益見其史學之爲不可及也。

　　三曰考辨學之精湛也：亦可謂之爲考據學，用之於萬氏，則以考辨學爲宜。萬氏嘗作《羣書疑辨》一書矣。其辨《洪武實錄》云：

　　　高皇帝以神聖開基，其功烈固卓絕千古矣。乃天下旣定之

後，其殺戮之慘，一何甚也？當時功臣百職，鮮得保其首
領者。迫不為君用之法行，而士子畏仕途，甚於穿坎。蓋
自暴秦以後，所絕無而僅有者。此非人之所敢謗，亦非人
之所能掩也。乃我觀洪武實錄，則此事一無所見焉。縱曰
為國諱惡，顧得為信史乎？至于三十年間，蓋臣碩士，豈
無嘉謨嘉猷，足以垂之萬祀者？乃一無所記載，而其他瑣
屑之事，如千百夫長之祭文，番僧土酋之方物，反累累不
絕焉。是何暗于大而明于小，詳于細而略于鉅也？洪武之
史凡三修，其一在建文之世，其一在於永樂之初，此則永
樂中年湖廣楊榮、金幼孜所定也。吾意前此二書，必有可
觀，而惜乎不及見也。若此書者，疏漏已甚，何足徵新朝
之事實哉？君子即不觀可也❸。

尊重信史，不為明太祖諱惡，此萬氏考辨學精華之所寄也。
其〈讀楊文忠傳〉云：

文忠之相業，其大者在定江彬之亂，而登極一詔，尤有功
于帝室，使數十年之積弊，一旦盡去，己受其怨，而貽國
家無窮之利，上不使新主蒙寡恩之譏，下使天下有更生之
樂，卽此一詔，其相業之俊偉，已踰于前後數公。迨新天
子登極，不必有所更張，而天下之規模，已煥然為之丕
變。嗚呼！何其烈也！當是時，正人君子，布列朝端，百
司庶職，莫不得人，天下之士，皆欲有所發舒，以赴功名
之會。一時望治者，無不以為太平可俟矣。使從此君臣相
得，信任老臣，何難致一代之盛治哉！自史道發難，而廟

堂之釁隙始萌。曹嘉繼起，而水火之情形益著。至大禮議
定，天子之大臣元老，直如寇仇，于是詔書每下，必懷憤
疾，戾氣塡胸，怨言溢口，而新進好事之徒，復以乖戾之
性佐之，君臣上下，莫非乖戾之氣，故不數十年，遂致南
北大亂，生民塗炭，流血成渠。蓋怨氣之所感，不召而自
至也。由是觀之，和氣致祥，乖氣致戾，豈不諒哉！故愚
常以大禮之議，非但嘉靖一朝升降之會，實有明一代升降
之會也。」❺⁹

　　由楊文忠一人之相業，論及有明一代升降之會，此萬氏考辨學之
兼能解釋歷史也。

　　以當時人之記載爲據，以當事人之目睹爲據，爲萬氏考辨學之標
準。其辨周正云：「學者生二千載之後，遙斷二千載以上之事，自當
以傳記爲據。傳記多異詞，更當以出於本朝者爲據。周正之改月改
時，一斷以周人之言而自定。……夫以周之人，述周之事，豈有謬誤
❻⁰？」
其〈跋漢魏石經〉云：

　　「按《後漢書》『儒林傳』及《洛陽伽藍記》，並言漢立三
　　字石經。《晉書》『衞恒傳』、《後魏書》『江式傳』及酈
　　道元《水經注》，其言魏石經亦然。是兩朝石刻，皆用古
　　文篆隸三體，無可疑矣。乃隋唐『經籍志』、黃伯思《東
　　觀餘論》、董逌《廣川書》，謂漢用三體，魏止一體。趙
　　明誠《金石錄》、洪适《隸釋》，則謂魏用三體，漢止一
　　體，而詆《後漢書》爲誤。兩說矛盾如此，將安適從？愚

謂『儒林傳』所言必不誣，即楊衒之、衛恒、江式、酈道
元，皆得之目睹，豈有舛謬？……夫生數百年之後，遙度
數百年以前之事，終不若目睹者之真。衛、江諸公，皆出
於目睹，惟宋以後文人，未見真刻，但考索于殘碑搨本，
曰：『此漢也，此魏也。』不得其實，而以意度之，故有
此紛紜之論。……然則後人之疑漢魏，豈若前人目睹之可
據哉！」 ⑥

聚羣書而考其異同，斷之以事理，爲萬氏考辨學之結論所從出
⑥。其〈辨崑崙〉云：

「古之論河源者，皆謂出於崑崙，而傳記所載，不一其地。
古人亦未有定論。或不諳道里之遠近，而綴爲一說；或就
其耳目之聞見，而倡爲異詞。總由山川不能自名，又越在
窮荒絶域，無地志可憑，里人可質，且語言不通，稱名亦
異，以故歷數千百年，而終不得其實也。吾爲博考古書，
其言崑崙者，約有十餘家。……昔人之論崑崙者，不考諸
書之異同，而並爲一說，致東西背馳，南北瞀亂，說愈多
而愈不明。余故盡集諸書之言崑崙河源者爲一編，而辨其
異同。」 ⑥

其〈辨石鼓文〉云：

「石鼓詩十章，世言周宣王所刻。然歷千數百年，至唐初始
出，則人不能無疑。歐陽公集古錄設爲三疑，允稱卓識。

而後人反排之。馬定國直指為西魏所建，尤為有據。眾以
其曾仕劉豫也，排之益力。然元劉仁本、明焦竑仍犯眾議
而駁之，豈好為立異哉！若楊慎篤好此文，亦以其書類小
篆，疑出於秦。近世顧炎武獨以詩詞淺近，不類二雅，而
斥之為偽。信哉斯言，石鼓自是有定論矣。或者曰：『諸
家論此鼓者，皆謂宣王中興，大會諸侯，蒐於岐陽而講
武，故從臣作詩，而其書則史籀大篆也。自唐迄明，稱
之者無慮百十家，豈可以五六人之說，而廢百十家之論
乎？』曰：『事而真，卽一二人亦足信。果非真，卽百十
人亦可疑。此論真偽，不論眾寡也。諸家稱宣王本無據，
不過以『我車旣攻，我馬旣同』數語類小雅「車攻」之詩，
故指之為宣王爾。吾正以襲用小雅，疑其為偽，而人顧
信為真乎？夫宣王中興，旣已令諸侯，講武事矣，何故復
有此舉？旣有「車攻」、「吉日」諸篇，被之管絃，藏之
太史矣，何故復作此詩？且周之諸侯，悉在豐鎬之東，將
行朝令，當在東都，不當在岐陽。昔周公以洛邑居天下之
中，特營東都為朝會諸侯之所，寧有舍此不會，而遠會於
岐陽，此事理之必無者。諸儒但羨書法之美，全不顧事理
之有無，真無識之至也。』」⑭

史之難為，為萬氏所深曉，其告方苞云：

「史之難為久矣，非事信而言文，其傳不顯。李翱、曾鞏所
譏，魏晉以後，賢奸事跡，並暗昧而不明，由無遷固之文
故也。而在今則事之信尤難。蓋俗之偷久矣，好惡由心，

而毀譽隨之。一室之事，言者三人，而其傳各異矣。況數
百年之久乎？故言語可曲附而成，事跡可鑿空而構，其傳
而播之者，未必皆直道之行也；其聞而書之者，未必有裁
別之識也。非論其世，知其人，而具見其表裏，則吾以為
信，而人受其枉者多矣。」⑯

網羅參伍所有資料，而以「直載其事與言而無可增飾」之實錄為
指歸，為萬氏寫史之方法，亦為萬氏考辨學之最高發揮。其言曰：

「吾少館于某氏，其家有列朝實錄，吾默識暗誦，未敢有
一言一事之遺也。長遊四方，就故家長老求遺書，考問往
事，旁及郡志、邑乘、雜家誌傳之文，靡不網羅參伍，而
要以實錄為指歸。蓋實錄者，直載其事與言，而無可增飾
者也。因其世以考其事，覈其言，而平心以察之，則其人
之本末，可八九得矣。然言之發或有所由，事之端或有所
起，而其流或有所激，則非他書不能具也。凡實錄之難詳
者，吾以他書證之；他書之誣且濫者，吾以所得于實錄者
裁之，雖不敢具謂可信，而是非之枉於人者蓋鮮矣。」⑯

萬氏以畢生之力修明史，其所用之方法如此，《明史》之精審，
關鍵亦在此。然則萬氏之考辨學，又豈為考辨而考辨哉？又豈若乾嘉
考據學之為考據而考據哉？

萬氏生值國變，醉心經世之實學，往往馳書友人，暢言其意，其
〈與從子貞一書〉，所言尤愷切：

「今天下生民何如哉？歷觀載籍以來，未有若是其憔悴者
也。使有為聖賢之學，而抱萬物一體之懷者，豈能一日而
安居於此？夫天心之仁愛久矣，奚至於今而獨不然？良由
今之儒者，皆為自私之學，而無克當天心者耳。吾竊不自
揆，常欲講求經世之學。……吾之所為經世者，非因時補
救，如今所謂經濟云爾也。將盡取古今經國之大猷，而一
一詳究其始末，斟酌其確當，定為一代之規模，使今日坐
而言者，他日可以作而行耳。……吾竊怪今之學者，其下
者既溺志於詩文，而不知經濟為何事；其稍知振拔者，則
以古文為極軌，而未嘗以天下為念；其為聖賢之學者，又
往往疏於經世，且以為粗迹，而不欲為於是，學術與經
濟，遂判然分為兩途，而天下始無真儒矣，而天下始無善
治矣！嗚呼！豈知救時濟世，固孔孟之家法，而己饑己
溺，若納溝中，固聖賢學問之本領也哉！……吾非敢自謂
能此者，將以吾子之志，可與語此，故不憚天下之譏，而
為是言，顧暫輟古文之學，而專意從事於此，使古今之典
章法制，爛然於胸中，而經緯條貫，實可建萬世之長策，
他日用則為帝王師，不用則著書名山，為後世法，始為儒
者之實學，而吾亦俯仰於天地之間而無愧矣。」 ⑥⑦

其所謂「盡取古今經國之大猷，而一一詳究其始末，斟酌其確
當，定為一代之規模，使今日坐而言者，他日可以作而行」，與黃宗
羲之作《明夷待訪錄》，顧炎武之撰《日知錄》，意在「撥亂滌污，
法古用夏，啟多聞於來學，待一治於後王」 ⑥⑧者，所到達之境界，蓋
無二致。此其經世實學之彌足珍貴者，隱忍史局，耗悠久歲月於修纂

明史，冀存有明三百年廢興成敗之迹，是其經世實學以另一面貌之表現也。由此而其純學術性之考辨學出，由此而其純學術性之歷代史表編成，經世與學術並轡，萬氏誠不可及矣。

註　釋

❶ 浙東地區，北宋時代，已興起講學風氣。慶曆五先生並起講學於仁宗時代，此時濂、洛、關、閩諸學派，尚未興起。宋室南渡以後，浙東學風益盛，浙東史學派亦於此時出現。永嘉之周行己、鄭伯熊，及金華之呂祖謙、陳亮，創浙東永嘉、金華兩派之史學。厥後王應麟、胡三省皆浙東之大史學家。元明兩世，浙東史學稍趨衰微，而其統不絕。至清代而浙東史學達於鼎盛。說見何炳松《浙東學派溯源》（商務，民國二十一年）、《通史新義》（商務，民國十七年）下編第十一章；陳訓慈〈清代浙東之史學〉（《史學雜誌》二卷五、六期，民國十九年十二月）；杜維運〈黃宗羲與清代浙東史學派之興起〉（《故宮文獻》季刊二卷三、四期，民國六十年六、九月）。

❷ 黃宗羲寫《宋儒學案》、《元儒學案》（一稱《宋元儒學案》）未成，由其子黃百家及雍乾間之全祖望續補，稱《宋元學案》。

❸ 《南雷文約》卷一〈文淵閣大學士吏兵二部尚書諡文靖公墓誌銘〉。

❹ 《南雷文定》前集卷十〈明司馬澹若張公傳〉。

❺ 《南雷文約》卷一〈大學士機山錢公神道碑銘〉。

❻ 《南雷文案》卷三〈旌表節孝馮母鄭太安人墓誌銘〉。

❼ 見李杲堂〈歷代史表序〉。

❽ 全祖望《鮚埼亭集》卷二十八〈萬貞文先生傳〉。

❾ 同上。

❿ 同上。又黃宗羲於《南雷詩歷》卷二「送萬季野貞一北上」詩云：「管村彩筆掛晴霓，季野觀書決海堤。」

⑪　錢大昕《潛研堂文集》卷三十八〈萬先生斯同傳〉。

⑫　同上。又方苞於〈萬季野墓表〉云：「季野少異敏，自束髮未嘗爲時文，故其學博通，而尤熟於有明一代之事。」（《方望溪先生文集》卷十二）。

⑬　見劉坊「萬季野先生行狀」（載於萬斯同《石園文集》前）。

⑭　《石園文集》卷七「與從子貞一書」。

⑮　同上。

⑯　同上。

⑰　同書同卷「寄范筆山書」。

⑱　同⑭。

⑲　萬斯同《群書疑辨》卷十一。

⑳　同⑬。

㉑　同上。

㉒　同上。

㉓　同上。

㉔　《石園文集》卷七〈寄范筆山書〉。

㉕　同上。

㉖　同上。

㉗　見楊无咎〈萬季野先生墓誌銘〉（載於《石園文集》前）。

㉘　見方苞〈萬季野墓表〉。

㉙　劉坊於〈萬季野先生行狀〉中亦用「濡忍」二字。

㉚　鄭梁《寒村詩文選》卷一〈送萬季野之京序〉云：「季野獨蕭然一布衣，弱妻病子，啼號破屋。」按鄭梁爲萬斯同好友。

㉛　見全祖望〈萬貞文先生傳〉。

㉜　《寒村詩文選》卷二〈樂府新詞序〉云：「己未之秋，崑山徐公以監修明史入朝，來邀季野與俱。……今年春，余試來京，見一時修史諸君，多從季野折衷，季野亦樂爲之駁正。」

㉝ 見黃雲眉＜明史編纂考略＞（《金陵學報》第一卷第二期，民國二十年十一月）。

㉞ 方苞＜萬季野墓表＞。

㉟ 劉坊＜萬季野先生行狀＞。

㊱ 溫濬臨＜南疆繹史序例＞。

㊲ 全祖望＜萬貞文先生傳＞。

㊳ 方苞＜萬季野墓表＞。

㊴ 錢大昕＜萬先生斯同傳＞。

㊵ 方苞＜萬季野墓表＞。

㊶ 楊椿《孟鄰堂集》卷二＜再上明鑑綱目館總裁書＞，此爲楊椿所親見者。

㊷ 阮葵生《茶餘客話》卷九「萬斯同修明史」，此亦爲阮葵生所親見者。

㊸ 討論王鴻緒攘竊萬斯同《明史稿》之專文，其著者有黃雲眉＜明史編纂考略＞（《金陵學報》第一卷第二期，民國二十年十一月）、李晉華＜明史纂修考＞（《燕京學報》專號之三，民國二十二年十二月）、陳守實＜明史稿考證＞（《國學論叢》第一卷第一號）、張須＜萬季野與明史＞（《東方雜誌》第三十三卷第十四號，民國二十四年三月三十一日該文寫成），皆收入包遵彭主編之《明史編纂考》（學生書局，民國五十七年）一書中。另論及萬斯同史學者，計有杜維運＜萬季野之史學＞（《中國學術史論集》，民國四十五年十月）、曹光明＜萬季野的史學背景＞（《書目季刊》第十五卷第三期，民國七十年十二月）、＜萬季野的史學＞（《國立編譯館館刊》第十一卷第二期，民國七十年十二月）、＜萬季野史學中的辨僞方法＞（《國立編譯館館刊》第十二卷第一期，民國七十二年）。廣參資料，輯爲詳盡年譜者，有陳訓慈、方祖猷合編之《萬斯同年譜》（香港中文大學出版社，一九九一年）。

㊹ 附於現行《明史》後。

㊺ 可參見趙翼《廿二史劄記》卷三十一「明史」、「明史立傳多存大體」等條。

㊻ 《南雷文約》卷四「補歷代史表序」。

㊼ 梁啓超《中國近三百年學術史》(中華書局，民國十二年)，頁二七三。

㊽ 萬斯同《明史稿》留存於天壤間者，據諸家之說，約有：1.北平圖書館藏福建王仁堪所藏萬季野先生《明史稿》三百十三卷（除去抄取明史三十卷，實存二百八十三卷)。2.北平圖書館藏四百十六卷本《明史》。3.朱希祖購置康熙抄本萬季野《明史稿列傳》一百七十九卷。4.拜經樓藏《明史列傳稿》二百六十七卷。5.中州某君呈教育部萬季野《明史稿》原本十二册。惟上列是否皆萬稿，尚待考定。詳見包遵彭主編之《明史編纂考》。

㊾ 《史通》「雜說上」。

㊿ 同書「表曆」。

(51) 《廿二史劄記》卷一「各史例目異同」條。

(52) 朱彝尊＜歷代史表序＞。

(53) 此書或稱卷數，或稱篇數，相當歧異，竊意以稱篇數爲宜。爲六十篇抑或超出，難有定論。可參閱方祖猷＜季野著作考＞一文（載於陳、方合著之《萬斯同年譜》後)。

(54) 或作十三卷，張廷玉修定《明史》，採萬氏此表以入。

(55) 此據開明書店出版之《廿五史補編》所列者。

(56) 黃宗羲＜歷代史表序＞。

(57) 朱彝尊＜歷代史表序＞。

(58) 《群書疑辨》卷十二。

(59) 同書同卷。

(60) 同書卷五＜周正辨一＞。

(61) 同書卷八＜跋漢魏石經二＞。

(62) 萬氏考辨之結論，或有可議，其理論則正確。

(63) 《群書疑辨》卷十＜崑崙辨＞。

(64) 同書卷八＜石鼓文辨＞。

⑥　《方望溪先生文集》卷十二〈萬季野墓表〉。
⑥　同上。
⑥　《石園文集》卷七〈與從子貞一書〉。
⑥　《亭林文集》卷六〈與楊雪臣〉。

評　　論

　　杜維運教授在中國史學界享負盛名，著作甚為豐碩，如早年之《史學方法論》、《與西方史家論中國史學》、《清代史學與史家》、《趙翼傳》以及《中西古代史學比較》等，無論在中西比較史學的發展及中國史學史的研究上均有重要影響。此次在第二屆國際華學研究會議上發表之〈萬斯同之史學〉一文，屬於後一方面的論著，全文約共一萬二千字。

　　萬斯同（一六三八～一七〇二）是清（一六四四～一九一二）初著名的史家，現代學者對他的研究雖然及不上對顧炎武（一六一三～一六八二）、王夫之（一六一九～一六九二）及黃宗羲（一六一〇～一六九六）等人的蓬勃，但名家如陳訓慈（一九〇一～）、吳晗（吳春晗，一九〇九～一九六九）、孟森（一八六九～一九三七）以至日人小野和子（Ono Kazuko，一九三二～）等都不乏有關之論著，而八十年代初曹光明氏發表的〈萬季野的史學背景〉、〈萬季野的史學〉及〈萬季野史學中的辨偽方法〉對了解萬氏的生平及學術都有相當幫助；晚近陳氏（一九〇一～一九九一）與方祖猷（一九三二～）合著之《萬斯同年譜》，更可謂集諸家研究之大成矣。不過，可以說，在專以萬氏的史學作研究對象的單篇學術論文中，杜教授的著作應是這方面的先驅。

　　杜教授之研究萬斯同，可追索至五十年代中葉，當時由中華文化

出版事業委員會編著的《中國學術史論集》中便收有他寫的〈萬季野之史學〉一文。如以該文與本文相比較，可發現著者在研究的觀點上是不斷有發展的：前者著重萬氏對史學的勤奮、維護及忠誠，尤其對於他保民族文化於不墮再三致意，卽著重他的治史精神的探討。至於本文，杜教授主要指出萬氏的史學著作在中國史學上的貢獻，全文分三方面論述：「一曰明史之創垂也」，「二曰歷代史表之補作也」，「三曰考辨學之精湛也」；其中第二點尤其是前文所較少提及的。正如著者所言，表可以通紀傳之窮，表立而紀傳之文可省，而東漢（二五～二二〇）以後至隋（五八一～六一八）諸朝之正史及新、舊《五代史》皆無史表，新、舊《唐書》之表又未見齊備，萬氏加以補續，並益以《明史》表十三篇，正可補足正史諸表之未盡善處，故其功績實不容忽視。

　　本文第一部分提及萬斯同手訂之《明史稿》後爲王鴻緒（一六四五～一七二三）所攘奪這一點是否可信，一直是研究《明史》編纂工作的重要問題。近年中國大陸的學者如黃愛平（一九五五～）及牟小東等認爲萬、王二稿本身未盡相同，故疑說不確，其論說雖亦言之成理，但由於目前尚具爭議，故杜教授不採此說，是較審慎的做法。其次，杜教授表彰萬斯同的史學思想及成就，是欲借此反駁清代乃中國史學衰落期一說法。他曾寫過〈清代史學之地位〉及〈清初史學之建設〉等文章反覆辯明這個問題，具見其《清代史學與史家》一書。杜教授尤其推崇清初浙東史學之具有經世意義，如萬氏致力於異民族統治下保存前朝歷史，實際上反映了清初史家具有傳統史家求眞與直筆的精神，而這與乾隆（一七三六～一七九五）、嘉慶（一七九六～一八二〇）時期史學之爲考證而考證的風氣不同。杜教授的觀點，可謂甚具卓見，對研治清初史學者當有相當之啓發。

第四章　民國史學與西方史學

（一）

　　中國以儒家學術思想爲主流的文化，產生了極富人文主義色彩的史學，其初起大約在春秋、戰國之際，秦漢以降，綿延發展兩千年，一脈相承，獨步寰宇。至晚淸起源於希臘的西方史學東來，一向缺乏外來刺激的中國史學，滲入了新成分、新血輪；中國史學由獨立發展，開始與世界史學合流。這是中國史學的新頁，也是人類史學的盛事。

　　西方文化與中國文化相去絕遠，其早期的宗敎思想，與後期的科學潮流，促使西方史學從最富神學色彩，變至講求精確與客觀。當十九世紀末葉二十世紀初期西方軍事、政治、經濟力量向全世界擴張之際，西方史學遂如怒濤般湧入中土。「西人之史，皆記國政及民間事，故讀者可考其世焉。中國正史，僅記一姓所以經營天下保守疆土之術，及其臣僕翼戴褒榮之陳迹，而民間之事，悉置不記載。然則不過十七姓家譜耳，安得謂之史哉❶！」此爲豔羨西人之史而反對以帝王爲中心的中國史學傳統；「於今日泰西通行諸學科中，爲中國所固有者惟史學。史學者，學問之最博大而最切要者也，國民之明鏡也，愛國心之源泉也。今日歐洲民族主義所以發達，列國所以日進文明，史學之功居其半焉❷。」此爲稱述西方史學，而亦承認中國固有史學；

　　「試一繙四庫之書，其汗牛充棟浩如煙海者，非史學書居

　　十六、七乎？上自太史公、班孟堅，下至畢秋帆、趙甌

　　北，以史家名者不下數百。茲學之發達，二千年於茲矣。

　　然而陳陳相因，一邱之貉，未聞有能爲史界闢一新天地，

　　而令茲學之功德，普及於國民者。」❸

（一）

　　此爲痛陳中國史學二千年陳陳相因，進一步則攻擊中國史學「知
有朝廷而不知有國家」，「知有個人而不知有羣體」，「知有陳迹而不知
有今務」，「知有事實而不知有理想」❹。於是中國史學二千年來所奠
定的權威地位，旦夕間動搖了！史學西學，蔚爲一時風氣。所以發展
了兩千年的中國史學，到西方史學輸入時，驟然進入了一嶄新時期。

　　西方史學的輸入中國，大致在清政權卽將結束的十餘年間。當光
緒二十四年（一八九八）嚴復所譯赫胥黎（T. H. Huxley, 1825-
1895)的《天演論》(*Evolution and Ethics*)問世，不啻中國史學界
與思想界的晴天霹靂。中國是一個留戀過去的民族，認爲愈是古代，愈
是理想的時代。葛天氏之民，生活最美好，堯舜時則開創以天下相揖
讓的局面，風俗亦由淳樸漸至澆譌。因此史學家是相信歷史退化的，
歷史的發展，每況愈下❺。歌頌古代，成爲史學家的自然心聲，治亂
循環論也由此而產生。但是自從嚴復翻譯《天演論》以後，西方的進
化思想，輸入中國，直接影響國人對歷史的看法，而進化的史觀產生，
中國史學家不再完全沉醉過去，不再以「古勝於今」作爲解釋歷史的最
大標準。西方的歷史進化論作了西方史學輸入中國的先鋒軍。到光緒
二十八年（一九〇二）梁啓超發表一篇題名叫做〈新史學〉❻的文章
的時候，西方史學的輸入，更暢通無阻了。梁氏是當時言論界的驕

子，其言動天下，其〈新史學〉文中攻擊中國傳統史學的缺陷，無異
爲西方史學的輸入作了護符。所以到民國以後，西方史學遂大量湧入
❼，而形成中國史學的新時代。

（二）

　　民國史學的主流，爲新歷史考據學派。此派由蔡元培、胡適、傅
斯年等倡導，大本營在中央研究院歷史語言研究所，影響力則及於全
國。蔡元培爲中央研究院第一任院長，他曾斬釘截鐵的爲史學下定
義說：「史學本是史料學，堅實的事實，只能得之於最下層的史料中
❽。」

　　既視史學爲史料學，於是特別注重史料，尤其是直接的史料：

　　「歷史中直接的史料與間接的史料有很大的分別，以前治
　　史者之濫用間接的材料，而忽略直接的材料，是一件很不
　　幸的事，應該是以後治史學者所急當糾正的。例如遼史之
　　成由於刪契丹列朝之實錄，刪實錄那能成信史？信史是要
　　從檔案中考核出來的。這猶可說遼史成於胡元之朝，脫脫
　　所領之局做不出學術上的大業。然試看馬、班以後諸紀傳
　　史家，那一位不是在那裏抄實錄、抄碑傳？那一位曾經充
　　分利用過直接史料？我們展讀一部紀傳的歷史，每每感覺
　　全是些人名官名，千人一面，千篇一腔，一事之內容不可
　　知，一人之行品不易見，這豈不是刪削實錄碑傳的結果，
　　只剩了架子，而把知人論世的菁華遺略嗎？卽使那些做實
　　錄做碑傳者，並沒有忌諱，沒有成見，沒有內外，已因和

我們觀點之不同，他們所據直接材料以刪削者不正合於我
們的要求：何況做實錄者本有所諱，做碑傳者本專務表
揚，則有意的顛倒，乃至改換，是不可免的呢！史料愈間
接愈不可靠，這道理本是極明顯的。假如民國初年修清史
者，知道史學的要求不能以刪削官書碑狀滿足之，則這些
大庫檔案正該由他們調去整理的。然而他們不作，我們希望
我們這次的整理檔案，開些以後注重直接史料的風氣。」❾

中央研究院歷史語言研究所（以下簡稱史語所）的輾轉收購明清
內閣大庫檔案，以及積極的加以整理刊印，可以說都是在院長蔡氏這
種重視直接史料的觀念下所促成的。

繼蔡氏之後，胡適對中央研究院史語所的影響是很明顯的。他所
輸入的西方科學治史的方法，史語所充分的予以應用。胡氏談科學方
法云：「科學的方法，說來其實很簡單，只不過『尊重事實，尊重證
據』。在應用上，科學的方法，只不過『大膽的假設，小心的求證』
❿。」

既然如此重視證據，自然重視史料，「沒有史料，便沒有歷史」
⓫，是胡氏的觀念。他尤其重視紙上以外的材料以及科學的實驗方
法：

「不但材料規定了學術的範圍，材料並且可以大大地影響
方法的本身。文字的材料是死的，故考證學只能跟著材料
走，雖然不能不搜求材料，卻不能捏造材料。從文字的校
勘以至歷史的考據，都只能尊重證據，卻不能創造證據。
自然科學的材料便不限於搜求現成的材料，還可以創造新

的證據。實驗的方法便是創造證據的方法。平常的水不會分解成氫氣氧氣，但我們用人工把水分解成氫氣和氧氣，以證實水是氫氣和氧氣合成的。這便是創造不常有的情境，這便是創造新證據。

紙上的材料只能產生考據的方法，考據的方法只是被動的運用材料。自然科學的材料卻可以產生實驗的方法，實驗便不受現成材料的拘束，可以隨意創造平常不可得的情境，逼拶出新結果來。」❷

胡氏所倡「大膽的假設，小心的求證」，變成了近人的口頭禪；他的重視紙上以外的材料，尤有極深遠的影響。中央研究院史語所一派的新歷史考據學，卽是在他的影響之下形成的。

繼胡氏之後對史語所影響最大最直接的是傅斯年。從民國十七年（一九二八）十一月史語所成立，到三十九年（一九五〇）十二月傅氏逝世，他一直擔任所長的職務，史語所在史學上的成就，主要應歸功於他的領導。

傅氏在北京大學講授「史學方法導論」一課時，卽倡言「史學便是史料學」；「史學的工作是整理史料，不是作藝術的建設，不是做疏通的事業，不是去扶持或推倒這個運動，或那個主義」❸。史語所集刊第一本第一分刊載傅氏〈歷史語言研究所工作之旨趣〉一文，此文一出，決定了以後史語所所走的路線，訖至今日，還沒有什麼重大的修改。

傅氏首先認爲史學不是著史：

「歷史學不是著史，著史每多多少少帶點古世中世的意

味，且每取倫理家的手段，作文章家的本事。近代的歷史
學只是史料學，利用自然科學供給我們的一切工具，整理
一切可逢著的史料。所以近代史學所達到的範域，自地質
學以至目下新聞紙，而史學外的達爾文論，正是歷史方法
之大成。」⓮

歷史的研究，傅氏認爲應當遵守三個標準：(1) 直接研究材料，
(2) 擴張研究的材料，(3) 擴充作研究時應用的工具。傅氏對以上三
者都逐一加以發揮，並且很堅定的說：「我們只是要把材料整理好，
則事實自然顯明了。一分材料出一分貨，十分材料出十分貨，沒有材
料便不出貨⓯。」「總而言之，我們不是讀書的人，我們只是上窮碧
落下黃泉，動手動腳找東西⓰。」

從以上蔡、胡、傅三氏的言論，我們可以看出民國時代的一種新
史學出現了：治史不重寫史，祇重考史；視史料爲史學的全部；視直
接史料爲史料的眞源；擴充史料的範圍，增加批評史料的工具；上窮
碧落，下及黃泉，目的在尋找史料；語言學、文字學、考古學、生物
學、地質學等，也無一不被視爲批評史料解釋史料的工具學問（傅氏
在〈歷史語言研究所工作之旨趣〉一文中曾詳言及此，全文以繁未
引）。這種新史學，我們可以稱之爲新歷史考據學。從事之者，自中
央研究院史語所擴及全國，因此新歷史考據學派之名，可以成立。民
國以來史學上很實在的成績，往往是此一學派的產品⓱。

新歷史考據學有中國乾嘉時代歷史考據學的傳統，尤其深受西方
史學的影響。應是新歷史考據學靈魂的科學治史方法，係由胡適首先
自西方輸入中國。胡氏於五四運動後，在北京大學講西方科學的治史
方法，是轟動一時的大事。疑古學派大師顧頡剛曾述其盛云：

「適之先生帶了西洋的史學方法回來，把傳說中的古代制
度和小說中的故事舉了幾個演變的例，使人讀了不但要去
辨偽，要去研究偽史的背景，而且要去尋出它的漸漸演變
的線索，就從演變的線索上去研究。」⑱

「聽了適之先生的課，知道研究歷史的方法在於尋求一件
事情的前後左右的關係，不把它看作突然出現的。老實
說，我的腦筋中印象最深的科學的方法，不過如此而已。
我先把世界上的事物看成許多散亂的材料，再用了這些零
碎的科學方法實施於各種散亂的材料上，就喜歡分析、分
類、比較、試驗、尋求因果，更敢於作歸納，立假設，搜
集證成假設的證據而發表新主張。」⑲

胡氏所力倡的「尊重事實，尊重證據」，「大膽的假設，小心的求
證」，以及重視紙上以外的材料，尊崇科學的實驗方法，大半都是受
西方科學的治史方法的影響。別人說：「生在世傳『漢學』的績溪胡
氏，享有『漢學』的遺傳性」⑳；「績溪諸胡之後有胡適者，亦用清
儒方法治學，有正統派遺風」㉑。他自己則說：「我的思想受兩個人
的影響最大，一個是赫胥黎，一個是杜威」㉒，尤其是杜威（John
Dewey, 1859-1952）實驗主義（pragmatism）中的方法論（歷史
的方法、實驗的方法），深深影響了他㉓。所以如果說胡氏一半是傳
統的，一半是西方的，仍然不是十分恰當的。

傅斯年所受西方科學治史方法的影響，可從李濟的一段話透露出
來：

「以歷史研究所為大本營在中國建築『科學的東方學正

統』, 這一號召, 是具有高度的鼓舞性的。 舉起這面大旗
領首向前進的第一人, 是年富力強的傅斯年。那時他的年
齡恰過三十不久, 意氣豐盛, 精神飽滿, 渾身都是活力,
不但具有雄厚的國學根柢, 對於歐洲近代發展的歷史學、
語言學、心理學、哲學以及科學史, 都有徹底的認識。他
是這一運動理想的領導人, 他喚醒了中國學者最高的民族
意識, 在很短的時間內聚集了不少能運用現代學術工具的
中年及少年學者。」[24]

　　傅氏留歐期間, 廣泛攻習各種學問, 所謂「對於歐洲近代發展的
歷史學、語言學、心理學、哲學以及科學史, 都有徹底的認識」, 是
頗為真切的描述。自歐歸國後, 傅氏即以其所學完全發揮在他所領導
的歷史語言研究所上, 〈歷史語言研究所工作之旨趣〉一文, 無異是
該所新歷史考據學的宣言。細品此一宣言, 西方的意味極濃, 中國的
意味很少, 乾嘉時代最出色的歷史考據學家錢大昕也遭受到腳踢[25]。

　　蔡元培是教育家, 而不是史學家。他能提出「史學本是史料學」
之說, 並且重視價值高出間接史料, 不啻倍蓰的直接史料, 不是受胡
適、傅斯年的影響, 就是受整個時代的影響（直接自西方接受過來的
可能性不大）。因為分史料為直接史料與間接史料, 是西方史學家的
分類, 史學本是史料學之說, 也是囫圇吞棗般自西方運來的。西方史
學家朗格諾瓦 (Charles V. Langlois, 1863-1929) 與瑟諾博司
(Charles Seignobos, 1854-1942) 於一八九七年在其合著的《史學
原論》(Introduction aux E'tudes Historiques, 英譯本名為 Int-
roduction to the Study of History, 譯者為 G. G. Berry) 一
書中說:「凡事件能以驗知, 僅有兩種方式: 一為直接的, 當事件經

過時，身在其間而得以直接觀察。一爲間接的，僅研究事件所留下的痕跡」❷，「歷史知識基本上是間接知識」❷。到梁啓超寫《中國歷史研究法》一書時，便這樣說了：「史料可分爲直接的與間接的史料。直接的史料者，其史料當該史蹟發生時或其稍後時，即已成立。……此類直接史料猶如浪淘沙，滔滔代盡，勢不能以多存。於是乎在史學界占最要之位置者，實爲間接的史料。……吾儕無論爲讀史爲作史，其所接觸者，多屬間接史料」❷。朗、瑟二氏說：

「史學家憑藉史料進行其工作。史料是以往人類思想與行爲留下的痕跡。然而在這類思想與行爲之中，極少留下清晰可見的痕跡，且易遭遇意外而漸滅。舉凡未曾留下清晰痕跡的一切思想與行爲，或其痕跡約已消失無踪了，則歷史即無從記載，就像什麼都沒有發生一樣。人類過去重大時期的歷史，由於史料缺乏，永不可知曉。所以沒有史料，就沒有歷史。」❷

到梁氏則又這樣說了：

「史料爲史之組織細胞，史料不具或不確，則無復史之可言。史料者何？過去人類思想行事所留之痕跡，有證據傳留至今日者也。思想行事留痕者本已不多。所留之痕，又未必皆有史料的價值。有價值而留痕者，其喪失之也又極易。因必有證據然後史料之資格備，證據一失，則史料即隨而湮沈。」❸

馴致朗、瑟二氏所謂「沒有史料，就沒有歷史」的論見，到蔡元
培、傅斯年口中，就變成「史學本是史料學」了！大凡梁啓超的《中
國歷史研究法》一書，是輸入西方自班漢穆（Ernst Bernheim,
1854-1937）以訖朗、瑟二氏史學的前驅（班氏於一八八九年出版其
大著 *Lehrbuch der Historischen Methode und der Geschich-*
tsphilosophie，獲得西方史學方法論鼻祖之令譽），其書中簇新的論
見，皆沿自諸氏而來❸。其書出版於民國十一年（一九二二），一時
轟動學林，頌聲滿天下。蔡元培是當時倡導新學術的人物，絕沒有不
看其書之理；其書中直接史料、間接史料的新觀念，可能頃刻間就印
入蔡氏的腦海中了。迨蔡氏於民國十七年（一九二八）出任中央研究
院第一任院長，其得力助手爲出任史語所所長的傅斯年，傅氏有「史
學便是史料學」的觀念，民國十九年（一九三〇）由史語所自清內閣
大庫檔案輯出的明清史料出版，蔡氏作序，於是「史學本是史料學」
之說便出現了。言及此，我頗懷疑「史學便是史料學」與「史學本是
史料學」係同出一人之說，而傅氏極可能是蔡氏的捉刀人。

（三）

十八世紀末期十九世紀初葉西方 掀起的史學運動（historical
movement, 亦稱 historical revolution），促使西方史學進至一
嶄新階段❸。德國大史學家尼博兒（Barthold George Niebuhr,
1776-1831）與蘭克（Leopold von Ranke, 1795-1886）爲此一史
學運動的代表人物，他們開創了一種語言文字的批評方法，從語言文
字方面著手，追尋史料形成的來源，批評史料可信的程度，這是極富
科學精神的史學方法。以尼博兒而論，他深受科學的啓示，對於史

料，不但不雜有宗教、種族與文學的偏見，並且常持有尋源、懷疑與批評的態度。第一、要問史料的來源如何？即史料本身是不是原手的史料（是否原作者的親筆著作）？第二、要問所用史料是否雜有後人的意見？曾否被人修改？第三、原手史料不存，方許用最早的副料（轉手的史料），但副料不能代替原料。第四、原料與副料價值的判斷，依時間、地域、親見或傳聞爲主，不偏重文辭的是否優美與形式的是否完備。第五、要注意記載人記載事實的動機與態度。以此原則，尼博兒批評李維 (Livy, 59 B. C.-17 A. D.) 的《羅馬史》，具體的指出，那些與實情不符合，那些全部的抄襲他書，那些局部的抄襲他書。於是學者對於李維的書信心動搖，從此研究羅馬史的人，有興趣從古文書、古遺物中尋求實證，因而有孟蓀 (Theodor von Mommsen, 1817-1903) 優美可信的《羅馬史》。《羅馬史》因尼博兒的方法論而重建了❸❸。以蘭克而論，一八二四年他出版的名著《一四九四年到一五三五年間羅馬民族與日爾曼民族的歷史 》(*Geschichte der Romanischen und Germanischen Völker von 1494 bis 1535*) 後面，附一長文，名爲「近代歷史作者評議」(Zur Kritik neuer Geschichtschreiher)，用批評的方法，研究人類的歷史，近代史學科學研究的新基礎，自此正式確立。蘭克將尼博兒的原則，進一步發揮，他認爲最接近事件的目擊者爲最佳證據提供人；當事人的信件較編年家所錄的逸聞爲有價值；案牘、報告、古物與親見親聞的史料，要去搜羅；作者的個性，要去瞭解；作者從何處獲得其見聞，要去探究，「或抄自前人，或爲將來尋覓教訓，或勇於攻訐，或出而辯護，或僅望記錄事實，皆須分別予以研究。」他的最有名與最有影響力的格言見於其上述著作的序言：「世人皆以爲歷史的職務，在鑑既往，明當代，以測將來。本書並無此等奢望，所要說的，只是往事

曾經如何而已❸。」蘭克史學中的科學精神，從此充分表現出來了。

尼、蘭二氏以後的整個十九世紀，歐洲內部大致平靜（尤其是西歐），對外則有軍事、政治、經濟、文化上的擴張，這是西方歷史上的盛世，也是西方文明發展的極高峰。此時西方史學家過著平靜舒適的生活，醉心於史料的徵存，殫力於史事的考訂，隱藏極多秘密的檔案，在史學家的奮力爭取下開放了，藏書近百萬卷的巨型圖書館，紛紛問世了❸，遠離囂塵的大學中，也變成史學家最主要的潛修處所。史學家們此時自信能蒐集所有的史料，自信能解決歷史上所有的問題，自信在科學方法運用下，能得出肯定的結論，能寫出盡善盡美的歷史❸。以致班漢穆、朗格諾瓦、瑟諾博司諸氏專門討論治史方法的書，也在十九世紀末葉問世了。班、朗、瑟三氏的書，可以說是西方十九世紀史學的總結，於史料的蒐集、分類、排比、考據特致其詳。書出之後，學林風動，尤其席捲了中國史學界，繼梁啓超之後，中國譯述班、朗、瑟三氏之書者，有何炳松、陳韜、李思純、張蔭麟、楊鴻烈、陸懋德、張致遠、姚從吾諸氏。何炳松的《歷史研究法》一書，寫成於民國十六年（一九二七），完全本於班、朗、瑟三氏之說❸。陳韜爲班漢穆大著《史學方法論》的翻譯者，其書大約出版於民國十五年（一九二六）至二十六年（一九三七）之間❸。李思純爲朗、瑟二氏合著《史學原論》的翻譯者，其書出版於民國十五年。張蔭麟在單篇文章中，介紹了朗、瑟二氏批評史料的方法❸。楊鴻烈、陸懋德則分別在其《歷史研究法》（民國三十三年出版）、《史學方法大綱》（民國三十四年出版）中大量引用了班、朗、瑟三氏之說。張致遠師的《史學講話》（民國四十一年出版）一書中的「史學方法綱要」一章，主要介紹班氏的史學理論和方法。在大學講授歷史方法論一課達四十年之久的姚從吾師，則主要介紹尼博兒、蘭克以訖班漢穆的治

史方法❹。此外尙有譯述，不可枚擧。大凡西方自尼博兒、蘭克以下
重視史料考據的一套史學，自民國十年（一九二一）以後的六十年中
（尤其在民國五十七年姚從吾師逝世以前），不斷向中國輸入，與中
國傳統的歷史考據學相結合，而形成以科學方法作爲旗幟的新歷史考
據學，新歷史考據學派也就從中央研究院史語所擴及到全國。

<h2>（四）</h2>

　　有清三百年，尤其是乾嘉時代，歷史考據學的發展，爲中國史
學帶來豐碩的成果。兩千年來中國史籍上的大小錯誤以及種種疑難問
題，大致得到了訂正與解決。像錢大昕的《廿二史考異》，王鳴盛的
《十七史商榷》，是訂正史籍錯誤的代表著作；像顧炎武的《日知
錄》，趙翼的《廿二史劄記》，是解決歷史疑難問題的典型撰述。此
時大部分歷史考據學家醉心於史料之中，幾乎與塵世絕緣。其治史的
方法，極富科學精神，與西方尼、蘭二氏的治史方法，甚相接近❹。
其爲學術而學術的純學術研究，則開創了中國以前未有的先例，以致
到了內憂外患相乘的時代，有些歷史考據學家仍然埋首考據之中，視
世變若浮雲。晚清西方勢力若驚濤駭浪般衝進中國來了，反歷史考據
之聲，有如虎嘯獅吼，但是歷史考據學的傳統不絕。一旦西方重視史料
考學據的一套史學輸入，中國舊的歷史考據便披上科學方法的外衣，
而蔚爲風靡全國的新歷史考據學了。外來學術與傳統學術相結合，其
勢乃沛乎不可禦。

　　歷史的細密研究 (detailed research)，不管史學進步到什麼境
地，都是不可或缺的。有計畫的廣泛蒐集史料，歸納證據，以解決歷
史上的疑難問題，則是史學的第一工作，歷史的能否近眞，歷史能否

從平面的敍事，進至立體的解釋，皆繫於此。所以有清三百年的歷史考據學，雖然可能直接或間接促成清代的衰微（姑如反對考據學者所言），然其在史學上的成就，則不可沒。西方史學又將清代的歷史考據學推進一步而形成民國時代的新歷史考據學，這是民國史學的新猷。民國時代倡寫新通史者盈天下，問世的新通史也在一兩百種以上，但是此類著作大半都是輾轉抄襲、浮泛粗略，不足以當史學著述。中國公私史料，浩如煙海，未入史料溟海之中，卽匆匆揮筆成書，史學大業，寧能如此草率？所以民國以來受西方史學影響的新通史學是成就有限的，受西方史學影響的新歷史考據學則成績頗爲可觀。所可憾者，西方蘭克等歷史考據學家未嘗不寫史，蘭克的歷史著述極爲豐碩，其《敎皇史》(*The History of the Popes, 1834-1836*) 與《宗敎改革時期的德國史》(*German History in the Time of the Reformation, 1839-1843*) 爲其享盛譽之作；年屆期頤，他猶寫成了一部堂皇的《世界史》(*Universal History*)。可是當蘭克的史學東來以後，便只剩下考史的一半了。國人極少知道蘭克是寫史的大家，以致推崇蘭克學派的人，便順口倡出「歷史學不是著史，著史每多多少少帶點古世中世的意味」的論調了。西方史學的精華，未能輸入中國，應是最爲遺憾的事❷。

東方是東方，西方是西方的時代，已經過去了。各自獨立發展兩千年的中西史學，應當使其有一次盛會。

註　釋

❶　徐仁鑄語，見《湘學新報》，第三十期。

❷　梁啓超語，見《飲冰室文集》，第四册〈新史學〉一文。

❸　同上。

④ 同上。

⑤ 王夫之富有進化思想，似爲一特例。如他於《讀通鑑論》，卷二○，云：「古之天下，人自爲君，君自爲國，百里而外，若異域焉。治異政，敎異尙，刑異法，賦歛惟其輕重，人民惟其刑殺，好則相呢，惡則相攻，萬其國者萬其心，而生民之困極矣。堯舜禹湯弗能易也。至殷之末，殆窮則必變之時，而猶未可驟革於一朝。故周大封同姓，而益展其疆域，割天下之半，而歸之姬氏之子孫，則漸有合一之勢，而後世郡縣一王，亦緣此以漸統一於大同，然後風敎日趨於畫一，而生民之困，亦以少衰。故孟子之言治詳矣，未嘗一以上古萬國之制，欲行於周末，則亦灼見武王周公綏靖天下之大權，而知邱民之欲在此而不在彼。以一姓分天下之半，而天下之瓦合萍散者，漸就於合，故孟子曰：『定於一。』大封同姓者，未必卽一而漸一之也。」

⑥ 見《飮冰室文集》，第四册。

⑦ 參見拙文：＜西方史學輸入中國考＞，《臺灣大學歷史系學報》，第三期，民國六十五年五月。

⑧ ＜明淸史料序＞。

⑨ 同上。

⑩ 《胡適文存》，第三集，＜治學的方法與材料＞。

⑪ 同上。

⑫ 同上。

⑬ 《傅孟眞先生集》，中編，丁。

⑭ 同上。

⑮ 同上。

⑯ 同上。

⑰ 民國以後，迄於抗日戰爭以前，史料上有幾項重要的發現：第一爲安陽的甲骨，第二爲敦煌千佛洞的手寫卷子，第三爲西北邊塞的漢簡，第四爲淸內閣大庫及軍機處的檔案。這四種新史料中，安陽甲骨是史語所考

古組李濟和董作賓領導下所發掘的結果。清內閣大庫的檔案係由史語所
輾轉購得，明清史料四十册卽由其中輯出。敦煌卷子方面，史語所刊行
的有陳垣的《敦煌刼餘錄》和劉復的《敦煌綴瑣》。漢簡方面，史語所
刊行的有勞榦的《居延漢簡考證》。這一些，都是史語所的突出貢獻。
中央研究院近代史研究所近三十年來在整理檔案及出版專刊方面，也成
績卓著。其專刊出版已近五十種，每種約在五十萬言上下。

民國以來，斷代史的研究，成績也頗可觀，惟皆表現在考據方面。舉其
大著，如研究秦漢史的勞榦，研究隋唐史的陳寅恪、嚴耕望，研究遼金
元史的姚從吾，研究明史的孟森，皆斐聲國際，然其作品，都是考據性
的。這類考據性的歷史作品，有的是專書，極大多數是論文，刊載於各
學術性刊物上面，如《史語所集刊》、《清華學報》、《輔仁學誌》、
《大陸雜誌》等。民國以來，考據性的專史研究，也頗有成績。

⑱ 《古史辨》自序。

⑲ 同上。

⑳ 蔡元培：〈中國哲學史大綱序〉。

㉑ 梁啓超：《清代學術概論》，頁六。

㉒ 《胡適論學近著》，第一集，卷五，〈介紹我自己的思想〉。

㉓ 參見胡適文存〈杜威先生與中國〉一文。

㉔ 傅樂成著：《傅孟眞先生年譜》。

㉕ 同⑬。

㉖ 見該書頁六三。

㉗ 見該書頁六四。

㉘ 見該書頁一四六～一四七。

㉙ Charles V. Langlois & Charles Seignobos, *Introduction to the Study of History,* translated by G. G. Berry, 1898, p. 17.

㉚ 梁啓超：《中國歷史研究法》，頁六六。

㉛ 詳見拙文：〈梁著『中國歷史研究法』探原〉。（附於拙著：《與西方

史家論中國史學》後）

㉜ 參見 H. Butterfield's Preface to the Beacon Press Edition of Man on His Past, 1960.

㉝ 參見費特兒（Ed. Fueter, 1876-1928）所著《現代史學史》（*Geschichte der neuen Historiographie,* 1911）及姚從吾師所寫：＜近代歐洲歷史方法論的起源＞一文（載於中國歷史學會編：《史學集刊》，第二期，後收入姚從吾先生全集㈠《歷史方法論》）。

㉞ G. P. Gooch(1873-1968), *History and Historians in the Nineteenth Century,* 1913, p.75.

㉟ 大圖書館的激增，在二十世紀。

㊱ 參見 *The Cambridge Modern History: Its Origin, Authorship and Production,* pp.10～12.

㊲ 何炳松自序《歷史研究法》一書云：「著者之作是書，意在介紹西洋之史法。故於理論方面，完全本諸朋漢姆、郎格羅亞、塞諾波三人之著作。」

㊳ 陳韜譯：班漢穆的《史學方法論》。筆者所看到的本子，爲商務印書館，民國五十六年八月臺一版本，初版於何時，有待確考。

㊴ 如＜評近人顧頡剛對於中國古史之討論＞（《學衡》，第四十期，民國十四年四月）一文。

㊵ 詳見拙文：＜德國史學的東漸＞（《食貨月刊》，第一卷第二期，民國六十年五月）。

㊶ 參見拙著：《清代史學與史家》，頁二七三～二七四。

㊷ 詳見拙文：＜西方史學輸入中國考＞結論部分。

第五章 比較史學的困境

中國所謂史學，相當於西方英語世界 (English-speaking world) 中的 historiography， 其出現係在人類有歷史時期以後的若干世紀。人類的歷史時期， 最長不超過五千年。 人類有史學的時期， 最長不超過三千年。從此一事實， 可以說明史學是人類歷史發展下的一種產品。歷史初現，不可能有史學。史學所涉及者，於是是關於人類歷史如何寫成以及人類歷史如何發展的學問。換言之，是關於歷史思想、理論與方法的學問， 與歷史密切相關， 但已不是歷史。

埃及、印度都是歷史古國，而無史學可言❶。這一事實，又說明悠久的歷史，不一定是史學成長的搖籃。有的民族，不產生史學；有的地區，不產生史學；有的文化，不產生史學。世界萬國林立，民族的複雜，紛如牛毛，不同類型的文化，又雜沓陳現，其發展出來的史學，值得稱道者，不外中國史學與由希臘發源的西方史學而已。阿拉伯史學雖亦可觀，但與中國史學、西方史學相比較，實爲遜色。所以史學是一種希世的珍品，它不常出現，出現後卻是人類文明的象徵，燦爛文化的淵藪所在。

世界出現過的史學，放在一起作比較，是學術上的盛事。以中國史學與西方史學而言，十九世紀中葉以前， 兩千餘年， 各自獨立發展，未曾互相影響，彼此間的異同，有絕大的意義。其相同處，不能單純地解釋爲一種偶合，而是人類智慧的共同創獲，這種共同創獲，往往是史學上顛撲不破的眞理；其相異處，可以互相截長補短，史學

的內容，由此得以豐富❷。由其異同，窺其原因，則涉及民族、地區、文化等問題，範圍無形中擴大了，意義自然益形增加了。所以比較史學（comparative historiography）是一種值得提倡的新學術，它可以使從未謀面的史學，聚首一堂；它可以使史學出現一個大的世界。西方一位漢學家曾經這樣說:「二十世紀學術最偉大的工作之一，是將西方史學傳統與其他史學傳統，作一比較」❸。比較史學的值得提倡有如此。

比較史學的研究重點，在於比較各國史學思想、理論、方法的異同，比較各國史學與其他學問的關係，比較各國史學對社會與人羣所發生的影響，以及比較各國史學的社會、文化與時代的背景等等。它是一種超越國界的史學研究，而以建立世界性的新史學爲目的。從事研究者的態度，應闊然大公，將所有國家的史學，放在同一水平線上作比較，不偏袒任何國家的史學。「無偏無黨，王道蕩蕩」，是這種態度。用英語的詞彙來形容，是所謂 objectivity and impartiality。

值得憂心的，至目前爲止，比較史學並未在西方出現。西方史學家有大聲疾呼，提倡比較歷史（comparative history）或歷史的比較研究（comparative study of history）者，卻未有提倡比較史學（comparative historiography）或史學的比較研究（comparative study of historiography）者。comparative historiography此一史學名詞，也未曾在西方史學著述裏出現過❹。西方史學家認爲整個世界只有西方有史學，亞洲、非洲等西方以外的地區，只有歷史而沒有史學❺，成見如此，比較史學自然沒有在西方出現的可能了! 中國近百年來，由於發現西方史學的價值，有意無意比較中西史學者，屢見不鮮。或偶然論及，或發爲專文❻，或醉心西潮，或謳

歌固有，尊崇西方史學與維護中國史學的論調交織，爲比較史學提供最好的背景。不過，一直到今天，中國史學界沒有提出一套比較史學的研究計畫，也很少有人肯虛心的認眞的從瞭解中西史學到小心翼翼的作比較。近年在中國大陸所欲掀起的「比較史學熱」，實際上其所謂比較史學，是比較歷史❼。中西史學界情況如此，比較史學的前景，現出的是黯淡淒淸，與炙手可熱的比較文學 (comparative literature)、比較藝術 (comparative arts)、比較敎育 (comparative education)、比較法律 (comparative law) 等比較學問相比較，實不可同日而語。

比較史學的前景，黯淡淒淸，而在進行實際比較的過程中，困境又出現，這是提倡比較史學所應知的處境。比較史學是否因困境重重而陷於絕境，難以預知。淸楚困境所在而謀所以克服的方法，應是當務之急。

(一)認識的困境

比較兩者，先認識兩者，作任何比較皆如此。比較史學以世界史學爲範圍，不只作兩種史學的比較。卽使只比較中西史學，認識中西史學，決非一朝一夕之功。以認識中國史學而言，一位頗有基礎的歷史工作者，非再花十年的工夫，深入窺探中國史學，不敢說已認識了中國史學。認識西方史學尤難。所謂西方史學，涉及的範圍甚廣，德國史學、法國史學、英國史學、美國史學，都是西方史學，又上涉希臘史學、羅馬史學、中世紀史學、文藝復興時代史學，內容的複雜，語言文字的障礙，使史學家如臨重洋瀚海，徒興浩歎。所以當史學家大致認識了中西史學的時候，可能已歷時數十年，史學家的生命，也

面臨結束的歲月了。 這眞是史學家鑽研比較史學所陷入的最大 困 境 了! 一位研究中國歷史的西方漢學家曾經這樣說:

> 「西方史學家很少有動機承認中國史學以往的成就, 或重
> 視其極不同的傳統, 以與自己作比較。
> 必須承認, 縱然動機存在, 縱然西方史學家希望去認識遠
> 東史學, 亦將困難重重。 翻譯的作品太少, 而且史學是傳
> 統孔子文化的極密切的一支, 受中國社會的支配, 在能眞
> 正認識之前, 必須相當深入於其文化與社會之中。 同時頗
> 能採取兩種觀點的人, 才能解釋中國史學。 他們必須是精
> 通中國學問的專家, 同時深深曉得西方史學家的興趣與先
> 入之見, 以便解釋時使其心目中的聽衆感覺到有意義。
> 很少溝通此一鴻溝的嘗試, 此一工作大部分要留待將來去
> 做。」⑧

　　西方史學家想認識中國史學, 他必須是精通中國學問的專家, 相當深入於中國文化與社會之中, 同時深曉西方史學家的興趣與先入之見, 以逢迎西方史學界。 如此來講, 比較史學的從事, 在西方更是困境重重了。

　　認識中西史學, 是比較中西史學的先決條件, 認識中西史學, 又須認識中西文化及其社會, 認識的路程, 如此崎嶇遙遠, 比較史學的困境, 又如何去克服呢?

(二)附會的困境

　　世界上沒有兩件事情是完全相同的，歷史也決不重演。在歷史上，有類似而無全同。所以史學的比較，不可能太精確，有時會流於附會。認爲中國的司馬遷，相當於西方的希羅多德 (Herodotus, C. 484-c. 425 B.C.) ❾，卽是一種附會。二人在史學上的成就，極爲懸殊，不能因其有些相似處，而置二人於相等的地位。因此經過比較史學所得的史學上的相同，未必是全同，往往同中仍有其異；所得史學上的相異，往往南轅北轍，格格不相入；民族、地區、文化等因素，促成史學上出現異同，更使比較史學陷入荊棘叢生的困境。

　　比較史學最動人處，在於作史學家的巧妙比較，作史學發展時間的巧妙比較。認爲維科 (Giambattista Vico) 於一七四四年死於拿不勒斯 (Naples)，六年後他遠道的中國同伴章學誠生於黃海之濱，於是將兩人的史學作若合符節的比較❿；認爲中國先秦兩漢的時代，相當於西方希臘羅馬的時代，於是將中國先秦兩漢的史學，與西方希臘羅馬的史學，作維妙維肖的比較⓫，都是最動人的史學比較。卻最易流於附會。維科與章學誠的史學，相異處多於相同處⓬；中國先秦兩漢的史學，與西方希臘羅馬的史學，在境界上有極爲懸殊的差異；世界上沒有兩位史學家的史學，兩個時代的史學，是完全一樣的，更不可能有時間上的巧合。因此比較兩位史學家的史學，只能就其局部作比較，不能奢望兩位是一體的化身；比較兩個時代的史學，只能就其發展的大趨勢作比較，不能斤斤於時間上的是否完全一致。中國十八世紀的史學，殊異於西方十八世紀的史學，而與西方十九世紀的史學同調；章學誠的史學，與二十世紀英國史學家柯林吾 (R. G. Collingwood, 1889-1943) 的史學，相同者反極多⓭。因此比較史學在原則上，不作時間上的巧妙比較，不作史學家的巧妙比較。違反此原則，比較史學就附會不已了。

(三)收穫不豐盛及過渡性的困境

　　歷史研究，有各種方式。或作細節的考證，或寫貫通的著述，或就人物作專研，或取名物制度析精微，方式不一，而功力所至，皆可預期豐盛的收穫。貫通數百年或數千年的歷史大著，呈現洋洋大觀，不必說了；一篇歷史考證文章，在證據畢羅之後，可能是一篇長達數萬言或數十萬言的大文章；人物的長傳，有時可寫成數巨冊；名物制度的研究，往往舖陳至千百萬言。所以歷史研究，不愁沒有收穫，功力下去了，豐盛的收穫即呈現。例外之一，是比較史學的研究。傾數十年的功力在比較史學研究上，收穫可能極為有限。以筆者作中西古代史學比較而言，從認識中西古代史學到作比較，所耗的歲月，難以計算，而成果不超過十萬言❹。如果不作比較，只論中國古代史學或西方古代史學，成果絕不止於此。比較史學的令人望之卻步，自此可窺消息。世界不同的史學，在不同的背景下形成，放在一起作比較，受很多的限制，其能作比較的，不管是相同者或相異者，實在不多。比較西方中世紀與中國中世紀的史學，很顯然的其差異性極大，差異到無法作針鋒相對的比較。比較西方十九世紀的史學與中國十九世紀的史學，也有無從比較之感。十九世紀是西方史學的鼎盛時期，從史學革命 (historical revolution) 的出現，到歐洲各國史學的競放異彩，頓使西方史學躍居領導世界史學的地位。此時中國適值晚清，史學處於轉變時期，成績可稱述者有限，與西方相比較，徒增浩歎。西方中世紀的史學，則處於黑暗時期，千餘年的時間，史學淪於神學的附屬品。基督教早期領袖奧古斯都丁(St. Augustine, 354-430)在《上帝之城》(*The City of God*) 一書中，謂歷史決定性的事件，

是基督的生命，人類全部發展須由宗教思想來決定。以後中世紀宗教史學家受其影響，虔誠的相信人類歷史操縱於上帝不可思議的手中。西方中世紀史學家的觀念如此，其史學可知。近代史學家論之云：

> 「中世紀……不知印刷為何物，書籍缺略，對文獻的批
> 評，尚未開始，也沒有感覺有批評的必要。沈醉於僧院圖
> 書館的珍藏之中，虔誠的編年家不停的搜索，而鈔錄較早
> 編纂物的錯誤於其作品之中。雖然偽造證狀為一正常的商
> 業行為，辨偽的方法，尚未發明。文字記錄的事件，無條
> 件接受，對傳統的認同，保證了每日發生的事件的真實。
> 最後，中世紀的氣氛，浸淫於神學之中。……歷史是說
> 教，而非科學，是基督證據 (Christian evidences)
> 中的運用，而非無偏私的嘗試追尋與闡釋文明的發展方
> 向。」⑮

如此看起來，西方中世紀的史學，其幼稚可見一斑了。反觀中國，則另是一番景象。從南北朝訖於宋元，大致相當於西方的中世紀，此一時期，是中國史學的盛世，史學的蓬勃發展，史書的大量問世，大史學家的前後接踵，以及歷史考證的精密，新史學體裁的出現，形成史學上的奇觀。中世紀中西史學如此，放在一起作比較，如何能有豐盛的收穫呢？鑽研比較史學，而無法預期豐盛的收穫，比較史學的困境可知。

比較史學也是一種過渡性的學問，它不是終點，不是高峰。從比較中西史學，到融合中西史學，才是終點。從比較世界各國的史學，到融合成世界性的新史學，乃臻高峰。比較能呈現優劣異同，融合則

是取精用宏的境界。 比較史學的過渡性如此， 其陷於進退失據的困境，也不言可喻了。

(四)克服困境的方法

比較史學的困境如上， 如何克服困境， 以展開研究的坦蕩之途呢？

認識的困境，是最大的困境，也是最難克服的困境。中外史學家沒有人能說已充分認識了中外史學，不要說是完全認識了。認識只是程度上的問題， 儘量認識， 是應知自勉的。以認識中國史學而言，應儘量認識中國的文化及社會， 儘量精讀歷史名著及論史學的專書、專文，以認識中國史學的精髓。《史記》、《通鑑》等幾十部歷史名著，《史通》、《文史通義》以及大量論史學的專文，於是皆待一一納入胸中。果如此，認識中國史學的困境，已算克服了。認識外國史學， 語言文字上的困難極大， 且須大量應用其本國近代史學家論史學的作品，以作爲認識的階梯。完全進入原典以認識，是不可能的一件事。所以較爲間接的認識了外國史學，也算克服認識的困境了。

流於附會的困境，克服之道，是儘量衝破史學發展時間的限制，作各國史學思想、理論、方法的比較。 史學上的經世思想、 和平思想、 大同思想， 史學上的歷史循環論、 歷史進化論、 歷史決定論 (historical determinism)，以及史學上的各種方法論，凡世界所出現者，萃於一起而比論之，雖仍不免流於附會，而可收互相發明之大功。融合世界史學之道，無過於此。

收穫不豐盛，就治學重質不重量的原理而言，不成其爲困境。志在大量生產，困境乃現。 過渡性的學問， 與歷史上過渡性的時期一

樣，有其關鍵性。從事之者，不以其進退失據爲困，而竭誠以赴，也就貢獻莫大了。

　　總之，就現階段而言，比較史學是一股潮流，誰也不能忽視這股潮流的存在，誰也不能將這股潮流推倒。史學家的胸襟與視野，待比較史學而擴展；從事之者，無形中所獲得者，較有形中所獲得者豐碩；重視中外史學史，不將史學史研究，當成星期天的消遣(Sunday pastime) ⑯，則一點一滴的成就，將來可滙成大海巨流。

註　釋

❶　沈剛伯師於＜古代中西史學的異同＞一文中云：

　　「古代的民族，像埃及、蘇米爾人、巴比倫、亞述、希伯來人與波斯等，他們統統留下了各種不少的文字記錄；但這些都只是他們的歷史記錄，不能說是他們的史學。在古代，有史學的只有東方的中國與西方的希臘。」(收入《沈剛伯先生文集》，《中央日報》出版，民國七十一年初版；原載民國五十三年十月十二日《徵信新聞》。)

❷　詳見拙著《史學方法論》(民國六十八年初版，七十八年第十版，三民書局) 頁三五三至三五六。

❸　美國漢學家 Arthur F. Wright (1913-1978) 評 *Historians of China and Japan* (ed. by W. G. Beasley and E. G. Pulleyblank, 1961) 一書如此云 (見 *American Historical Review*, Vol. LXVII, No. 4-July, 1962)

❹　一九八〇年十月號及十二月號《美國歷史評論》(*American Historical Review*) 上有「比較歷史的理論與實踐」(Comparative History in Theory and Practice) 專輯，登載近十篇討論比較歷史的論文。

　　其他西方的史學著述，往往論及比較歷史，或實際作歷史的比較。論及

比較史學者絕無，偶作中西史學比較者僅有西方漢學家及極少數西方正統史學家而已，以致在我所看到的西方史學著述中，未曾發現過 comparative historiography 此一史學名詞。

❺ 詳見拙著《 與西方史家論中國史學 》（東大圖書公司， 民國七十年初版）第二章，頁九至四四。

❻ 如鄧嗣禹的＜司馬遷與希羅多德(Herodotus)之比較＞（史語所集刊第二十八本， 民國四十五年十二月）， 沈剛伯的＜古代中西史學的異同＞（《徵信新聞》「學藝周刊」二期，民國五十三年十月十二日）， 余英時的＜章實齋與柯靈烏的歷史思想──中西歷史哲學的一點比較＞（該文載於余氏《 論戴震與章學誠 》一書， 原載《自由學人》三卷二至四期，民國四十六年十月）及拙著《 與西方史家論中國史學 》，《 中西古代史學比較》（東大圖書公司，民國七十七年初版）等。

❼ 北京大學歷史系范達人教授提倡「掀起比較史學熱」（見《史學理論》，一九八七年第三期，頁七），他也先後撰寫＜比較史學新興， 促其放異彩──杜維運教授比較史學觀介紹＞（《 史學理論 》，一九八八年第一期，頁一五六～一七二），＜當代比較史學論綱＞（《史學理論》，一九八九年第二期，頁一六九～一八一）等文。其專著則有《比較史學》（與易孟醇合著，湖南出版社，1991年4月第一版）一書。在大陸學人中，他是最熱心比較史學者之一。惟其所謂比較史學，是比較歷史，他將比較史學無限制的擴大了。

❽ 加拿大漢學家浦立本 (E. G. Pulleyblank, 1922-) 師於《中日史學家》(Historians of China and Japan, ed, by W. G. Beasley and E. G. Pulleyblank, Oxford University Press, 1961) 一書的序論 (Introduction) 中如此云。

❾ 見鄧嗣禹的＜司馬遷與希羅多德之比較＞一文。

❿ P. Demiéville, "Chang Hsüeh-Ch'eng and his Historiography", in *Historians of China and Japan*, ed. by W. G. Beasley and E. G. Pulleyblank.

⑪ 筆者於民國六十七年寫＜比較史學與世界史學＞一文（見拙著《史學方法論》頁三五一～三六四）時，曾力主「比較史學不作時間上的巧妙比較，不作史學家的巧妙比較」（頁三五三），可是十年以後，卻寫了《中西古代史學比較》一書，所言與所行難以一致有如此。

⑫ 就其重大者而言，維科是歷史哲學家，章學誠則不是歷史哲學家。清以前中國學人中，稱得上歷史哲學家者，可能僅王夫之一人而已。近人每爲章學誠戴上歷史哲學家的帽子，是一大誤解。

⑬ 參見余英時教授＜章實齋與柯靈烏的歷史思想——中西歷史哲學的一點比較＞一文。

⑭ 拙著《中西古代史學比較》，除去註釋，正文不過六、七萬字。

⑮ G. P. Gooch, *History and Historians in the Nineteenth Century*, Longmans-1913. p. 1

⑯ M. I. Finley, *The Use and Abuse of History*, Chatto L Windus, 1975, p. 77

第六章　歷史專題的研究與撰寫

　　史學方法有兩套，一套是一般性的方法，一套是專門性的方法。

　　一般性的方法，適用在所有的歷史研究上，其精粗有差別，其原理則不變。如由博學而研究歷史，利用歷史輔助科學研究歷史，相信原書而不相信轉手記載，相信目擊者的陳述而不相信傳聞，歸納無限史料以得結論，比較各種事實而觀異同，以及端正心術，洗鍊文筆等等，這些都是一般性的史學方法，它的原理是不因時間、空間而改變，它適用於各種歷史研究之上。新方法出來，只能豐富其內容，不能代替以前的舊方法。

　　那麼如果是專門性的史學方法呢？它的變化性就出現。因為歷史的範圍很廣闊，內容很複雜，例如政治的演化、社會的變遷、經濟的榮枯、學術的發展等等，以至於天文、地理，都是歷史的內容，於是政治史、社會史、經濟史、學術思想史等專門史就出現了，它們的研究方法可說是各有千秋。

　　例如研究政治史與研究社會史的方法不一樣，因為政治史的重點是在政府與國家，社會史在於社會的全面，著眼點不同，所用的材料也不一樣，其研究方法也隨之而異。

　　例如研究經濟史要用量化的方法，研究學術思想史絕對不能用量化的方法，二者相去甚遠。至於制度史、軍事史以及心態史都是如此。

　　各種各樣的專門史，每一種都需要一套很專門性的方法。這種專

門的史學方法只適合專門史研究，所以這套方法論有很大的變化性。

一般性的史學方法與專門性的史學方法，這兩套方法論合起來，使史學方法有了永恆價值及無窮生命。所有反對史學方法的論調，在兩者之前，都失去了論據。史學方法不再是昨天湖上的風，轉瞬間消失得無影無蹤；史學方法也因為多變而日新月異，而活力無邊。

所以史學方法是一項很有價值的學術。所有從事研究歷史工作者，都必須用一般性的史學方法，如果研究專門的歷史，就必須另外採用比較變化多端的、適合研究範圍的一套專門性方法。

談到歷史專題，其範圍很難界定，很難指出那些是歷史專題。在人類的一部歷史中，從表面上看是發生過的無數的大大小小的事件，實際上它關聯到無數的問題，將事件與問題聯在一起，歷史的深度才見。西方史學家提倡「問題」的研究，是卓越之見。西方史學家往往用畢生精力，寫一部歷史大著，來解答一個歷史問題。例如英國最偉大的史學家吉朋 (Edward Gibbon, 1737-1794) 所寫的《羅馬帝國衰亡史》(*History of the Decline and Fall of the Roman Empire*)，就是想找出羅馬帝國為什麼衰亡的原因，窮其一生的精力，甚至犧牲了自己的婚姻。

所以一部成一家言的歷史大著，有時是歷史專題的化身，而所有的專門史都應是歷史專題，因為專門史是就歷史的重大問題做大規模的探討。在歷史的大範圍中選一個題目作深入的研究，例如碩士、博士的史學論文，是標準的歷史專題。歷史因為有歷史專題的研究而立體化，而生命不絕。

我們今天將歷史專題局限到「志」的方面，談談「志」的研究與撰寫，因為諸位是修國史的，修國史必須修志。志的範圍從中國正史上可以大致看得很清楚，例如禮、樂、律曆、天文、地理、食貨、百

官、輿服、藝文、經籍等等都是要目，時代變了，新的志增加，例如《魏書》增加「釋老志」，《新唐書》增加「選舉志」，《遼史》增加「捺鉢志」。我們修中華民國史應增加的新志如「學術志」、「國會志」、「風俗志」等，都很重要。

一般的歷史專題，是富有考辨性的，爲糾前人一項錯誤，往往花數十年的時間寫出一篇考辨性的文章,如閻若璩的《尙書古文疏證》，便是典型的例子。

屬於志的歷史專題，則須有建設性，將許多事實呈現出來，考辨祇在幕後。例如寫學術志，要將學術的淵源、發展及其成果都呈現出來，考辨的功夫，不能與之俱現，最多在註中露面而已。如《史記》的「平準書」、《漢書》的「地理志」，太史公和班孟堅一定有很大的考辨功夫，但呈現出來的「平準書」是從漢初到漢武帝時代財政、經濟的種種現象，沒有考辨，「地理」志呈現出來的更具體，所以歷史專題的志，我們首先要使它具有建設性,寫成後人可以看到的是無限的事實。

在進到資料搜集階段，應當把握四個字「廣泛徹底」，要廣泛的搜集，要徹底的搜集，文獻的資料外，應當儘量運用口頭傳說的資料，尤其應當親身經驗與實地考察。希臘史學家希羅多德 (Herodotus) 以降，都是依據自己的考察及所見所聞以寫成其歷史大著，所用的文獻資料甚少，希臘史家像似新聞記者一般（與現在新聞記者不同的是：他們必須考證目擊者的話是不是眞，新聞記者是有聞必錄，亂來一氣）。中國古代史學家如孔子、司馬遷等，則大量用文獻資料，同時根據所見、所聞、所傳聞的資料。

應用文獻資料時，一定要置報紙以較低的地位。主要根據報紙以寫成我們的當代史，我們這一代的歷史，就完全走樣了。目前有二大報之稱的《聯合報》、《中國時報》，銷量都在百萬份以上，其所以

暢銷，由於大量報導社會新聞，以致打開這二大報一看，往往都是貪污、暴戾、殺人的事件，好像我們正處在貪污流行、暴戾叢生、殺人如麻的時代。在國外常看臺灣報紙的人，通常會懷疑在臺灣如何活下去！其實我們社會上，有多少人奉公守法，一介不取？有多少人謙虛禮讓，和平爲懷？有多少人悲天憫人，有不忍人之心？這些絕大多數，二大報置之不理，而專門揭發貪污、暴戾、殺人事件，唯恐其不盡，而且極盡渲染之能事。千秋後我們的歷史，可能就這樣被固定住了，這眞是所謂千秋的遺恨了！

所以史學家應用報紙資料，應極端審愼，不但應嚴加考證，尤其應知衡量，衡量於多數與少數之間，衡量於文明與罪惡之間，則眞與公平的歷史，才能出現。

應用文獻資料，應廣參互證，不憚繁瑣。各方面的資料都用，不嫌麻煩、瑣碎。清初潘耒修《明史》「食貨志」時，他先將明實錄都看過，凡有關食貨的資料，不論是一個字、一句話，均抄錄下來，又博採諸家著述、名臣奏議以及所有典章故實之書。必如是，修志才無遺憾，潘耒說：

> 「竊惟史莫難於志，志莫難於食貨，而《明史》「食貨志」視前史爲尤難。……某不揣固陋，分任此志，妄以作志必先採料，……故將明代實錄通纂一過，凡片言隻字，有關於食貨者，悉行節出，瑣細龐雜，不厭其詳。蓋欲使一代物力登耗度支盈絀之故，了然於胸中，而後可以下筆也。既以實錄爲主，又博採諸家著述，名臣奏議，舉凡典章故實之書，次第節錄，以備參考。必求如是，而後可以無憾。惟是三百年實錄，浩如煙海，約計一年一本，每本中節出者，多則四十餘紙，少則二十餘紙。自洪武至萬曆，

密行細字，抄成六十餘本。……他書如《西園聞見錄》、
《硯山齋集考》之類，亦纂過數十種，尚欲遍閱史館志乘
諸書，恨未及也。……篝燈搦管，常至夜分。……聚千腋
以為裘，釀百花而成蜜，參伍錯綜，良非易易。」（《遂初
堂文集》卷五〈上某總裁書〉）

這應是修志的典範。

　　用數年或者十年以上的時間，作一個志的研究，才能研究到比較
徹底地步。此時扮演的是調查者的角色，不只是觀察者，不只是採訪
者，不只是描述者，也不只是編纂者。只有這樣認真的調查，歷史才
能呈現公平。如寫國會志，有了文獻資料與傳聞資料，進一步須調
查，為什麼神聖的廟堂之上，會出現低級、污穢到萬分的語言呢？揮
拳、摔角、掀總統餐桌，如此野蠻的行為，怎能代表純良的選民呢？
像一羣豺狼出現，這是那一類的民主政治呢？這就有待深入的調查
了。國會議員不管是國大代表或是立法委員，其出身如何？其學歷如
何？其籍貫如何？其黨派背景如何？其當選靠什麼勢力？……一一調
查出來，一一使之呈現。國會通過的決議，影響及於全國，國會議員的
良窳，繫萬民的休戚。褒貶之筆，此時必須施展，亂臣賊子之惡跡要
留在歷史上，禍國殃民的議員應使其永遠不朽。這是現代史學家很反
對的春秋之筆，實際上世界整個史學所到達的最高峰就是春秋之筆，
千秋萬世，實利賴之。

　　新史學家如果為了人類文明與幸福，應同意我的話。對這些無法
無天的人，歷史最有其制裁的力量，西方史學家說天堂地獄，用宗教
來維繫人類的文明，中國數千年則靠歷史。

　　撰寫方面，首先我們看中國史家與西方史家用資料方式的不同，

中國史家比較喜歡就原文增刪潤色，或者節錄一部分，不輕易動一個字，非常謹慎；西方史家則膽子較大，用自己的文字來寫，二者各有利弊，應儘量將資料融會貫通，用自己的文字表達出來，成一家之言。

再進一步說，字數絕對不能太多，用數十年的時間寫志，最好不要超過二萬字，太多則國史失去其價值，國史的志字數一定要限制，雖不能像《史記》、《漢書》上的志那般精簡，但最低限度不能繁冗超過《宋史》上的志，同時文字要有可讀性。

貴館所定的專題較類似紀事本末體，我覺得很難放到紀傳體史裁之中，有大事記之後再有大事件專題，與整個內容不太配。如「天安門事件」，可以成為貴館的歷史專題，在專題中不限字數的發揮，但不能通通放到國史中，否則志與專題之間就很難畫分得很理想。

貴館負責神聖的修史大業，中國歷史的延續，中華民國信史的保存，惟貴館是賴。希望我政府重新制定史學政策，重視國史，予貴館以類似中央研究院的地位，則中國幸甚，歷史幸甚。

　　（民國七十九年應國史館之邀講「歷史專題的研究與撰寫」如上。）

第七章　史學方法論的教與寫

（一）

　　我醉心歷史研究，開始於民國四十年尚在讀臺灣大學外文系的時候。當時我做的是趙翼《廿二史劄記》的考證工作，以廿二史原文，比對《廿二史劄記》之文，一字一句不放過，極為機械，卻引發了我研究史學史的興趣。史學史，換言之，是歷史的歷史，史學家寫成歷史的歷程，是其中最重要的部分之一。史學家從何處取材以寫成其歷史？其取材的標準及角度如何？其斟酌損益之際，謹嚴的程度如何？這一些，都是史學。我做了兩年以上的《廿二史劄記》考證的工作，深深瞭解了史學家在這方面的甘苦。以後我的研究，就以清代為範圍，逐一研究王鳴盛、錢大昕、全祖望、章學誠、趙翼的史學。我的計畫是想從清代擴及到歷代。民國五十一年到五十三年之間，我赴英倫，廁身享譽世界的劍橋大學，那時吸引我的，不是這所名大學的學位，而是與中國史學分庭抗禮的西方史學。我蒐集及閱讀西方論及史學史及史學方法的專書與文章，期望窺探西方史學的精微，進而與中國史學相比較，而置中國史學於世界史學之林。兩年的收穫，頗為豐富。歸國以後，李玄伯師約我合開中國史學史，姚從吾師約我合開史學方法論（當時稱歷史方法論），兩位史學大師，同時看中了我這個初出茅廬的小子，真是有受寵若驚的感覺。從吾師並且對我說：「這一課我

教的太久了，應改變。以後你教第一學期，我教第二學期；你教西方新的東西，我教西方十九世紀較舊的東西。」如此與從吾師合開史學方法論約六、七年，與玄伯師合開中國史學史大約三年。兩師先後謝世，兩課就由我一人承擔了。兩課性質相近，而講授的方式不同。我不怎麼喜歡教中國史學史這門課，雖然它一直是我的研究範圍。教史學方法論，能自由馳騁思想；能自中外古今取材，暢談一種方法；學生們精神貫注，振筆疾書，讓你心情舒適，而有一種成就感；課堂上的質疑，下課後的討論，使你感覺這門課能引起學生們的興趣，而得到欣慰。教中國史學史，就不怎麼出現這種境界了。

在臺大教史學方法論的同時，輔仁大學歷史系約我教三個小時的史學方法論。臺大是兩小時，又教一學期，以致輔仁的教材，多出一倍以上。輔仁大約教了六、七年。直到現在，不少與我交情很深的輔仁的朋友，都是那時班上的學生。

民國六十三年到六十四年之間，我以訪問學人的身份，再回到劍橋大學。這一年，我立定志向，不讀中國書，不寫一篇文章，祇蒐讀西方討論史學方法的書。倫敦、牛津、劍橋三地的新舊書店，都有我的足跡。每買到一本新書或絕版已久的書，精神即為之一振。買不到的，則從圖書館借讀，兼作劄記。自訂逢周末外出，平日分上午、下午、晚上三個時間閱讀，各閱讀約三小時，西方史學的美富，皆現眼簾，精神上的享受，真是無窮。如此者數月，感覺胸中怪怪奇奇，滔滔汩汩，全是西方史學。可是有一天的晚上，突然間怎麼也讀不下去了！腦子裏像是有什麼東西在蠕動，家信也不能寫，心想一切都完了！急着去看英國醫生，醫生量我血壓，說好極，也查不出病來，開了些鎮定劑一類的藥讓我吃。以後有兩個禮拜，一點書不看，只看劍河裏的潺潺流水。情況較好後，上午看書，下午以後休息。後來增加

到上、下午看書，晚上休息。一年下來，幾十本書讀完，奠定了我在西方史學方法上的基礎。

　　民國六十六年，我離開臺大，赴香港大學中文系講學。香港與臺灣，相去不遠，而差異極大。語言的隔閡，文化的距離，使初到的人，感覺像是到了蠻陌之邦。交際應酬，差不多減少到極限了。課堂上的講授，像是面對一羣聽不懂國語的人，敎書的樂趣不見了。香港大學又是重導修制度的，每周不過上三、四小時的課，以致屬於自己的時間特多。我習慣每天凌晨七時許到研究室去。港大的研究室，大而舒適，冷暖氣設備皆有，又甚少受到干擾。讀書、寫作其中，享受極矣。於是我決定撰寫《史學方法論》一書。在臺灣曾寫過〈歷史文章〉、〈引書論〉、〈史學上的純眞精神〉、〈史學上的比較方法〉、〈史學上的美與善〉、〈史學家的樂觀、悲觀與迷惑〉幾篇文章，都是討論史學方法的問題，惟沒有系統，時寫時停。現在我停寫一切其他文章，全神貫注在寫這部書上。寫的速度極慢，往往一天寫不到數百字。能寫一千字，我就自酌自飲以慶祝一番了。兩次去劍橋所作的劄記，及在屬於自己的英文書上用紅筆鈎出的精闢處，再拿來細讀、欣賞、咀嚼、陶醉，進而與中國的史學方法相融洽。如此者歷兩年，於民國六十八年元月寫成，二月出版。全書共分二十二章，約近三十萬言，細目如下：

　自序

　第一章　緒論

　第二章　歷史與史學家

　第三章　歷史科學與藝術

　第四章　史學方法科學方法與藝術方法

　第五章　歸納方法

第六章　比較方法

第七章　綜合方法

第八章　分析方法

第九章　史料析論

第十章　史料考證

第十一章　歷史輔助科學

第十二章　歷史想像與歷史真理

第十三章　歷史敍事與歷史解釋

第十四章　歷史文章的特性及其撰寫

第十五章　引書的理論與方法

第十六章　史學上的純真精神

第十七章　史學上的美與善

第十八章　史德與史學家

第十九章　歷史的功用與弊害

第二十章　比較歷史與世界史

第二十一章　比較史學與世界史學

第二十二章　史學家的樂觀悲觀與迷惑

　　以上二十二章其中十六章是在香港兩年內寫成的。另外六章，寫成於臺灣，「歷史文章的特性及撰寫」一章，係由〈歷史文章〉一文改寫而成；「引書的理論與方法」一章，與〈引書論〉一文全同；「比較方法」一章與〈史學上的比較方法〉一文全同；「史學上的純真精神」、「史學上的美與善」、「史學家的樂觀悲觀與迷惑」三章，與原來的文章連名稱也相同。因此這六章與其他章在風格上顯然就有差異了。

　　以我的史學方法論講稿來比較，講稿所立諸講，與以上諸章相同

者十之六、七。惟每當一章寫成後，與原來的講稿再比較，感覺講稿
太簡單、粗糙了，於是我就儘量將講稿焚燬了！「登高必自卑，行遠
必自邇」。不有初基，何竟全功？長期的講授、凝神、竭思、滙集材
料、發掘問題，於是漸趨圓融成熟，而損益釐訂，仍有待於異日。

（二）

　　史學方法，沒有國界。治中西史學方法於一爐，是一個理想的境
界。中西史學分途發展兩千餘年，其史學方法有絕相殊異者，有遙
相吻合者。其相吻合，不能單純地解釋爲一種偶合，而是人類智慧的
共同創獲。這種共同創獲，往往觸及史學上顛撲不破的眞理；其相殊
異，則可以互相切磋，互相彌補，而增添史學方法的內容。以不偏不
倚的態度，兼容並蓄的胸襟，融合兩者，取其精華，去其糟粕，史學
方法上的盛事，莫大於此。

　　醉心西方史學方法者，每認爲史學方法爲西方學問，非中國所固
有，卽有，亦不若西方精密，馴致而主張史學方法全盤西化者有之，
主張以西方理論配合中國事例以講史學方法者亦有之。兩千餘年來中
國史學家治史的大經大法，且夕間皆被武斷的否定了！相反的則是自
我陶醉的抱殘守闕者流，以爲中國史不同於西洋史，治中國史，用中
國史學方法已足，不必外求，這種史學上的「閉關政策」，是目前史
學界的一股暗潮，看不出波濤，但卻奔騰洶湧！

　　史學方法，不能空談。像哲學家一樣，空談理論，純作分析，什
麼相對論、結構論、唯物辨證論都出籠了，什麼形上歷史學 (meta-
history)、分析歷史哲學 (analytical philosophy of history)、
籠罩律的理論 (the covering law theory)，都粉黛登場了，史學

方法就變得虛無飄渺了！史學方法靠經驗而來，積以往數千百年無數史學家的治史經驗，而後五光十彩的史學方法出現。所以在講授史學方法論這門課時，必須舉相當可觀的實例，以與所講的方法相發明，同時又須將方法實際練習，以免流於玄虛。講授比較方法時，讓諸生作轉手記載與原書的比較；講授歸納方法時，印發大量相關而又時相牴牾的資料，讓諸生歸納得結論。這一類，都是很好的練習。擴而大之，是讓諸生寫研究報告，以測其領悟的程度，能坐而言，又能起而行，是講方法論的最大目的。

　　史學方法，有變有常。有些方面，在原則上，可以歷萬古而不變。由博學而研究歷史；利用歷史輔助科學研究歷史；採用原始史料而不相信轉手記載；取信目擊者的敍述而不相信傳聞；歸納無限史料以得結論；比較各種事實而觀異同；置孤證於一隅，而參伍錯綜以求其是；取僅見之傳聞，而設身易地以求其實；端正心術，冒死奮筆直書；洗鍊文筆，精確陳述往事。此類史學方法，不勝枚舉，其價值不因時間不同空間不同而改變，這是史學方法之常。至於史學方法之變，有由於時代改變而方法改變者，有由於研究的範圍改變而方法改變者。清初顧炎武、閻若璩所使用的考據方法，與清乾嘉時代錢大昕、高郵王氏父子所使用的考據方法不同，百餘年的演進，使考據方法由粗而精，由疏而密。史學方法的與時俱變，豐富了史學方法的內容，平添了史學方法的活力，而嶄新方法的出現，更使史學方法有千門萬戶之觀。「載籍極博，猶考信於六藝」，以六經作爲考信的標準，是一種史學方法。聚羣籍而比較其異同，是另外一種史學方法。自著書而自作考異，是一種史學方法。以相關的學問，輔助考證歷史，是另外一種史學方法。語言、文字的歷史考證，揭開史學方法的新世紀。地下材料與紙上文獻的相印證，拓廣史學方法的新領域。量化的

方法、心理分析的方法、文化人類學的方法，以及更多的社會科學的方法，都使史學方法呈現花團錦簇之盛。研究的範圍不同，則使史學方法變到難以捉摸的地步。研究斷代史與研究通史，無法使用完全相同的方法，一從細密處著手，一自大脈絡觀察，研究的方法，豈能盡同？研究政治史與研究社會史的方法，大有分別，前者著重於國家與政府，後者罩及社會全面，著眼點與使用的資料都不同。學術思想史的研究，不能使用量化方法，是顯而易見的。經濟史的研究，則必須使用量化方法。人物的傳記，有其活潑的一面，其研究的方法，施用到制度史研究上，自然格格不相入。即使同是斷代史，上古史的研究，與近代史的研究，方法不同；近代史的研究，與現代史的研究，方法又異。研究的範圍變了，研究的方法也隨之而翻新了。

史學方法，不是雕蟲之藝。一般認為史學方法是一門技術性的學問，境界不高，理論淺近，尤其不足與語思想之大，這是似是而非之論。史學方法的源泉是思想，思想是否為歷史發展（historical development）的本源，難以斷言；思想導致歷史研究（historical research），則是可以斷言的。沒有一種史學方法，溯其原始，不是出於思想。機械如引原文，注出處的方法，其最初係從求真實務坦誠的思想發展而來。「載籍極博，猶考信於六藝」的考證史料方法，係源於史學家深信六藝的思想。「據事直書」，「書法不隱」，此類忠實記事的方法，也出於褒善貶惡的思想。一種史學方法逐漸由粗疏進至精密，靠史學家實際的工作經驗，更靠史學家的思想與其工作經驗互相砥礪。祇是一種方法具體化了，為世人沿用久了，其思想的成分就被掩沒了。至於史學理論與史學方法，有時是一而二，二而一的關係。不少史學理論，與史學方法沒有什麼差別。「不虛美，不隱惡」，是一種史學理論，實踐起來，就是一種史學方法了。「多聞闕疑，慎

言其餘」，「信古而闕疑」是一種史學理論， 應用到歷史寫作上，就
是一種史學方法了。相信較古的記載， 不敢以見於漢人之書者， 遂
眞以爲三代之事，是一種史學理論，定爲標準後，就是一種史學方法
了。大抵史學理論與史學方法的差別，在於抽象與具體之間。當抽象
時，是史學理論。當具體時，是史學方法。當史學方法最細密亦卽最
具體的時候，是史學理論發揮的最高峰。

（三）

　　講授史學方法論此課，對於撰寫《史學方法論》一書，有極大的
幫助。每一講，初講的講稿，極爲簡單粗糙，逐漸地累積相關資料與新
義，增寫、刪除、潤飾，若干年下來，本來簡單的，漸至詳悉，本來粗
糙的，漸臻精密。而且講授之際，靈感不時而至，望着全神貫注的諸
生，靈感有時如泉湧。這是在研究室或圖書館裏所很難出現的。課堂
上的討論，更使你的胸襟與眼界，爲之開擴。集思廣益，學術乃大，
有如金科玉律。所以一般認爲在大學裏做講席，不如在純學術研究機
構，容易做出研究成績，是不甚正確的。終日埋首案頭，沒有外來的
刺激，缺乏不同意見的切磋， 胸襟逐漸的狹小了， 神秘的靈感不來
了，學術研究，怎能博大？

　　書寫成問世後，得到的反應，是極爲感人的。識與不識的讀者，
一年以內，寄來相勉的信件達五十封以上，他們的謬許與鼓舞，增強
了我的信心；他們的批評與建議，擴大了我的視野。這些信件，我都
珍存。民國六十八年十二月教育部頒給拙著學術獎，則令我興奮與戰
慄之情，一時交集。崇獎學術，國之盛典，自己則像是變得更加渺小
了！看到的書評文章，像老友張存武兄寫的〈杜著史學方法論讀後〉

（載於《史學集刊》第十一期），北京大學范達人教授寫的〈杜維運的比較史學觀〉（原載《史學理論》季刊，一九八八年第一期，後收入其與易孟醇合著之《比較史學》一書中。該文係就拙著《史學方法論》及與《西方史家論中國史學》兩書而立論），北京社會科學院王戎笙教授寫的〈臺灣史學方法論述評〉（《史學理論》季刊，一九八七年第一期），都極誠懇的批評，嘉許與指正，兼而有之。大陸《史學理論研究動態》第三期（一九八一年十二月）上面，作了介紹，並選登了「史料考證」一章；最近大陸出版的《近代史學理論要籍》一書（一九九一年十二月出版）中，也以頗長的篇幅介紹。凡此，對我都是很大的鼓勵。

　　書問世後，再講此課，有了很大的變化。本來全神貫注的諸生，現在悠閒起來了，凝視、靜聽，代替了振筆疾書。我儘量關新講，而不能於書以外講一套全新的史學方法論。真正說起來，書出來了，就應當停講此課了。在政治大學歷史研究所講半年的「史學理論與實際」一課，我新寫講稿，企圖突破，頗費心思。各大學歷史系約我作學術演講，講題多被指定爲史學方法論的範圍，我也祇能就書中所論及者引申、貫串，難以完全衝破自己的羅網。

　　從民國六十八年二月到今天，拙著出版已經十三年之久了，先後出了十二版。出第二、三、四、五版時，都動了一些小手術，校正誤謬近兩百處。民國七十四年三月出第七版，校正誤謬以外，新寫了一篇序，增加了「傳記的特質和撰寫方法」一章，書後附列的英文參考書目，也略有增加（出第十二版時，共列英文參考書二一四種）。今後一兩年內，我想將這本書動大手術，改寫某些不理想的部分，像「比較方法」、「分析方法」、「歷史輔助科學、歷史文章的特性及其撰寫」、「史學上的純真精神」諸章，都待改寫；也想增寫幾章新的。近幾年，看了一些歐美新出版論及史學方法的書，像 Fernand Brandel, *On History*,

Translated by Sarah Mathews, 1980. The University of Chicago Press; Lucy S. Dawidowicz, *The Holocaust and the Historians*, 1981. Harvard University Press; Gertrnde Himmelfarb. *The New History and the Old,* 1987. The Belknap Press of Harvard University Press; Theodore S. Hamerow, *Reflections on History and Historians*, 1987, The University of Wisconsin Press; Arnaldo Momigliano, *The Classical Foundations of Modern Historiography*, 1990, University of California Press; Robert Young, *White Mythologies, Writing History and the West*, 1990, Routledge; Felix Gibert, *History: Politics or Culture?* 1990, Princeton University Press; Michael Howard, *The Lessons of History*, 1991, Yale University Press, 都是近十年出版的，其中論及嶄新的方法，令人目爲之炫。讓我的這本小書，與歐美新史學方法並進，是我的一點心願。

第 三 篇

第三篇

第一章　清乾嘉時代流行於知識分子間的隱退思想

「學而優則仕」，是中國的一大傳統。寒窗十年，自認為學已有成的中國知識分子，進一步傾畢生歲月，鑽研學術，不是他們的心願；思以其既有之學易天下，所謂學以致用，則其素志。所以在西方出現的為學術而學術的純學術研究傳統，在中國則從未形成。

中國知識分子的這種出仕觀念，為中國歷史帶來無限生機，卻十分影響學術成績的累積。十年甚或二十年所學，其優有限。一入仕途，日久銷蝕，所剩無幾。仕而優則學者佔極少數，只是一種粉飾之言。於是中國學術的精深研究，落入具有隱退思想的知識分子手中。當仕途失意之時，或值易代之際，知識分子油然而興隱退思想。棲伏林泉，埋首學術，啓多聞於來學，寄希望於渺茫，於是中國的學術，就斐然而可觀了。

中國知識分子的隱退思想，多流行於衰亂之世，天下大亂了，朝代改換了，知識分子於是羣趨山林。時逢盛世，隱退思想，只是點綴。例外的是清乾嘉時代。清乾隆六十年（一七三六～一七九五）是清的極盛時期，嘉慶二十五年（一七九六～一八二〇）之間，雖有轉衰跡象，卻仍挾盛世餘威。可是在此流行於知識分子間的，卻是一種隱退思想。仕宦至中年，辭官歸隱林泉，是當時頗為流行的一種風氣。以趙翼及其周圍的朋友來講，與他鼎足而三在詩壇馳名的袁枚、蔣士銓，二人都是在中進士後，做官不到十年，便匆匆辭官歸里

了。袁枚卜居江寧小倉山，優游其中者五十年，詩名滿天下。蔣士銓
辭歸後，窮愁潦倒，常人所不能堪，而隱退之志不變。與趙翼在史學
上齊名的錢大昕、王鳴盛，歸隱的時間，一在四十七歲，一在四十二
歲，都是在中年。錢大昕於中進士後，選翰林院庶吉士、累官至詹事
府少詹事，仕途一帆風順，可是在他四十七歲的那年，借丁父艱的理
由歸里，遂不再出仕。王鳴盛中進士後，授翰林院編修，累官至內閣
學士，兼禮部侍郎，年四十二，也以丁父艱的理由歸里，不復出，不
再與朝貴通音問。此外趙翼的朋友，像姚鼐、盧文弨、吳錫麒、張問
陶、洪亮吉等，都是仕至中歲歸隱。以盛世之民，而具隱退之思，是
極耐人尋味的。

趙翼是最值得注目的一個例子。他有經世之才❶，也有經世的抱
負。同時代的人，認為他碩學淹貫，通達古今，可膺公卿之位❷。他
也以經綸天下，康濟蒼生為己任❸。「出守粵徼，分臬黔南，從軍瘴
癘之鄉，布化苗猺之域，盤根錯節，游刃有餘」❹，他也確曾將其經
世之才，牛刀小試了一番。但是在他四十七歲的時候，卻以母親年高
為理由，極力辭官歸里。「山深時或飄丹粟，人老惟思伴赤松」❺；
「身比虛舟傍岸歸，心如古井不波洹」❻，其恬退之情，其堅決之志，
與其初仕時的積極，判若霄壤。什麼原因促使趙翼乃至於其同時代的
知識分子有如此大的轉變呢？這應是清代學術思想史上的大問題。

種族的成見，是不是主要原因呢？

清朝是滿族所建立的政權，其建立之初，中原知識分子，羞於仕
進。顧炎武自喻「為天涯獨往之人，類日暮倒行之客」❼；其晚年之
詩云：「蟋蟀吟堂階，疏林延夕月，草木得堅成，吾人珍晚節，亮哉
歲寒心，不變霜與雪。憂患自古然，守之俟來哲」❽。其晚節之勁，
令人凜然。黃宗羲的氣節，不如炎武之勁。然其亡國之恨，時時形於

詩文。「亡國何代無，此恨眞無窮，靑天白日淡，幽谷多悲風，更無雜鳥來，杜宇哭朦朧❾。」「亡國之戚，何代無之。使過宗周而不憫黍離，陟北山而不憂父母，感陰雨而不念故夫，聞山陽笛而不懷舊友，是無人心矣❿。」所以他雖不主張遺民「種瓜賣卜，呼天搶地，縱酒祈死，穴垣通飲饌」⓫，而論及士之分，則謂止於不仕，「士各有分，朝不坐，宴不與，士之分亦止於不仕而已」⓬。觀於其辭博學鴻儒之詔徵云：

> 「某年近七十，不學而衰，稍涉人事，便如行霧露中。老母年登九十，子婦死喪略盡，家近山海，兵聲不時撼動，塵起鏑鳴，則扶持遁命。二十年以來，不敢妄渡錢塘，渡亦不敢一月留也。母子相依，以延漏刻。若復使之待詔金馬，魏野所謂斷送老頭皮也。」⓭

可見其不仕清廷的誠意。王夫之於明亡以後，竄身猺洞，絕跡人間，席棘飴茶，蕭然自得。「悲風動中夜，邊馬嘶且驚，壯士匣中刀，猶作風雨鳴。飛將不見期，蕭條阻北征，關河空杳靄，煙草轉縱橫，披衣視良夜，河漢已西傾，國憂今未釋，何用慰平生⓮。」是其悲憤；「仕旣無君，隱亦無土，欲求一曲之水，一卷之山，散髮行吟，與中原遺黎，較晴雨，采橡椒，而不可得。然後君子之道果窮⓯。」是其國亡後的處境。而「洞庭之南，天地元氣，聖賢學脈，僅此一線⓰。」是其關係學術的重大。自然炎武、宗羲、夫之都是出類拔萃的人物，很有例外性，其他意志薄弱，或爲貪戀富貴而出仕清廷者，仍佔多數。但是他們在心理上，對於由滿族建立的清廷，仍然保持遙遠的距離。歡欣鼓舞，不帶勉強的出仕，不是清初的風氣。

到了乾嘉時代，一百多年的時間過去了，知識分子心理上對於清廷的距離，逐漸不見。學成以後出仕，是知識分子一定要走的路。但是為什麼很多知識分子，仕宦至中途，又頓蒙隱退的思想呢？

學術上的因素，在此扮演最主要的角色。

清自康熙中葉以後，四海已昇平，學術研究，蔚為風氣。江南以及浙東浙西地區，尤為學術研究重地。梁啓超在〈近代學風之地理的分布〉一文中云：

> 「大江下游南北岸，及夾浙水之東西，實近代人文淵藪；無論何派之學術，殆皆以茲域為光焰發射之中樞焉。然其學風所衍，又自有分野；大抵自江以南之蘇、常、松、太，自浙以東之杭、嘉、湖，合為一區域；江寧、淮、揚，為一區域；皖南徽、寧、廣、池，為一區域；皖北安、廬，為一區域；浙東寧、紹、溫、臺，為一區域。此數域者，東南精華所攸聚也。」❶

此文所謂近代，係指清以後；其所包括的範圍，大致不出江南及浙東浙西地區。安定、富庶、優美的環境，使大批學者，沈醉其中，而忘卻塵事。乾嘉時代，學術研究氣氛，尤其濃厚。以江南的常州而言，乾嘉時代，人才輩出，以經學馳名的有孫星衍、莊存與、莊述祖、劉逢祿；以史學馳名的有趙翼、洪亮吉；以文學馳名的有陸繼輅、李兆洛、惲敬、張惠言，黃景仁、趙懷玉。「易家人人本虞氏，讖緯戶戶知何休，聲音文字各窨奧，大抵鐘鼎工冥搜」❸。一地一時的學風如此，自然人思競爭，而澹泊仕官之情了。所以當孜孜矻矻，窮年苦讀，考取進士的時候，知識分子的仕宦前景，絢麗燦爛，而宦

海浮沈，未能躋身公卿之位"，則歸隱的思想驟生。遇到左遷之事發生，或雙親已屆衰殘之年，即辭官歸里，著書講學，彈精於翰墨之際，翱翔於山水之間，學術上的輝煌成績，賴以存留，書生的飄逸風采，藉之盡現。這是乾嘉時代的實況。以趙翼來講，當蔣士銓四十歲即歸隱的時候，他還頗不以為然的說：「吾友蔣心餘，才志並激宕，一朝忽抽簪，豈曰非高尚？官去貧難歸，毋亦太孟浪？書生命本薄，作事須自量。得官藉饘粥，全家飽祿養。世無郗嘉賓，辦裝誰可仗⑲？」可是曾幾何時，他卻走老朋友的舊路了！他不得不大唱「老境逼來將白髮，宦途盡處是青山」⑳了！一年遷官一次㉑，出塞，從軍，揮翰，佩刀㉒，慘酷的現實，使他對仕宦完全失去了信心。而且他有著述之才㉓，自忖「生平報國堪憑處，總覺文章技稍長」㉔。退而著述，可望垂諸久遠，較之仕宦，容或過之。在這方面，他自己屢屢以詩說明，錢大昕也為他作了解釋。其詩云：

「文人致青雲，初以文為媒，

　才名日暴著，積漸登三台。

及夫官既榮，又須談幹濟，

幹濟乃空談，何能立一事？

其文亦遂隳，久作敝屣棄，

一朝夜漏盡，論定始可憐。

欲入文苑內，既無文可傳，

編之列傳中，敷演不成篇。

所以明眼人，見幾斷於內，

不能立勳業，及早奉身退，

書有一卷傳，亦抵公卿貴。

男兒生墮地，例須一篇傳，
吾幸生太平，毋煩節烈見，
庶幾致卿相，調元贊鈞衡，
廣廈庇寒士，霖雨活蒼生。
一官忽出守，親身試繁劇，
從軍無奇功，作吏無奇績，
始知天下事，不能任其責。
知難而亟退，歸將文字補，
白首托一編，此意亦良苦。」❷⑤

「少賤苦窮餓，求官藉饘粥，
及夫仕官成，又想林下福。
此意殊不良，未可對幽獨，
其如才分劣，自審久已熟。
同乎俗吏為，吾意既不欲，
異乎俗吏為，吾力又不足，
是以訹然止，中歲返初服。
敢援老氏戒，謂知足不辱，
庶附風人義，坎坎歌伐輻。

既要作好官，又要作好詩，
勢必難兩遂，去官攻文詞。
僮僕怨其癖，親友笑其癡，
且勿怨與笑，吾自有主持。
一枝生花筆，滿懷鏤雪思，

以此溷塵事，寧不枉用之？

何如擁萬卷，日與古人期？

好官自有人，豈必某在斯。」㉖

　　幾首歸田後不久寫的詩，透露了自己初入仕途時，極有意致身公
卿，以康濟天下，所謂「庶幾致卿相，調元贊鈞衡，廣廈庇寒士，霖
雨活蒼生」，是其坦誠陳述。及至出守從軍，親試繁劇，知天下事難
為，乃知難而退，「不能立勳業，及早奉身退，書有一卷傳，亦抵公
卿貴」；「一枝生花筆，滿懷鏤雪思，以此溷塵事，寧不枉用之」，他
不能立勳業，又不欲埋沒自己的文才與綺思，於是就潛心著書以傳世
了。「書窗只覺勝官衙」㉗，其歸隱之日，消磨在書窗前的時間最多。
「俯仰此身何所托，一燈寒照二毛紛」㉘，「鎮日書帷校勘勞，出門不
覺已秋高」㉙，「消磨長日伏丹鉛，常苦巾箱少逸篇，解事童奴傳好
語，門前新到賣書船」㉚，「陳編引我求傳世，華髮羞人說杖家，挑盡
寒燈翻一笑，幾人能滿志無涯」㉛，其著述的辛勞，自其詩而盡現。
於是其大著《陔餘叢考》及《廿二史劄記》，就悠然而問世了。

　　錢大昕為趙翼的中歲忽然隱退，作了最好的解釋：

　　　「或者以耘菘老於文學，在京朝循資平進，即可升秩槐
　　棘。且在方面有循良聲，不久當膺開府之寄，乃退而以詩
　　自名，疑若未展所抱者。予謂古人論三不朽，以立言居立
　　功之次，然功之立，必憑藉乎外來之富貴。無所藉而自立
　　者，德之外唯言耳。姚、宋、郭、李諸公，非身都將相，
　　則一田舍翁耳！吾未見言之次於功也。書有一卷傳，亦抵
　　公卿貴，耘菘嘗自道之矣。知難而退，從吾所好，耘菘蓋

> 自信其材其趣其學之足傳，而不欲兼取，以托於老氏之知
> 止焉耳。試質之耘菘，其以吾言為然乎否？」㉜

　　錢大昕爲趙翼作解釋，也適所以自道。他視仕宦如雲煙，而悉力著述，較趙翼尤有過之，故能說出眞相。由此而言，乾嘉時代流行於知識分子間的隱退思想，就不難理解了。

　　「引疾辭榮，優游山水間，以著書自樂」，是一種消極的態度。但是在學術研究上，卻有積極的貢獻。學術研究的成績，靠這一羣具有消極態度的知識分子來累積。以錢大昕爲例，其《廿二史考異》一書，考訂精審，是一部不朽的史學著作，也費盡作者一生的心血。大約自乾隆十九年起，大昕反覆校勘自史漢迄金元廿二家之史，雖寒暑疾病，未嘗少輟，偶有所得，寫於別紙㉝；到乾隆三十二年，其致仕後的第三年，才正式纂輯，且繼續蒐集證據，所謂「歲有增益，卷帙滋多」㉞；迨設敎鍾山書院，「講肄之暇，復加討論，間與前人闇合者，削而去之」㉟；迄於乾隆四十七年，考異始編定，而刊行則在嘉慶二年，其間又有修訂。一部書費了四十四年的時間寫成，如果不是作者澹泊仕途，優游林下，又怎能寫成呢？

　　學術研究的風氣，有待激盪而成。乾嘉時代，富庶，安定，本極適合學術研究風氣形成。此時仕途得意的知識分子，如畢沅、阮元，一面做官，一面提倡學術研究，可以反映此時學術研究所形成的氣候。以致仕宦心極重，而又頌清不已的趙翼㊱，竟也自仕途急流勇退了。他以詩人而寫出《廿二史劄記》一類的史學大著，大半係受王鳴盛《十七史商榷》、錢大昕《廿二史考異》兩書的激盪。此時學術境界較高的知識分子，大都寄情學術，而輕仕宦，於是隱退的思想，就極爲流行了。以此學術的因素，解釋清乾嘉時代流行於知識分子間的

隱退思想，竊意比用種族的因素作解釋，更接近歷史的眞相。故草成
此文，以質諸大雅。

註　釋

❶　李保泰＜廿二史劄記序＞云：「陽湖趙甌北先生，以經世之才，具冠古
　　之識。」

❷　錢大昕＜廿二史劄記序＞云：「甌北先生，早登館閣，出入承明，碩學
　　淹貫，通達古今，當時咸以公輔期之。」

❸　《甌北集》卷十三「奉命出守鎭安，歲杪出都，便道歸省，途次紀恩感
　　遇之作」云：「多少蒼生待康濟。」同書卷四十「擬老杜諸將之作」云：
　　「無才徒作憂時語，未死終懸報國心。」又同書卷四十六「自悔」云：
　　「只慚枉作讀書人，未有分毫澤及民。」

❹　錢大昕＜廿二史劄記序＞。

❺　《甌北集》卷二十＜張三豐禮斗亭＞。

❻　同上，同卷＜泊舟琵琶亭作＞。

❼　《蔣山傭殘稿》卷二＜答周籀書＞，又見《亭林文集》卷四，題作「與
　　周籀書」。

❽　《亭林詩集》卷四＜德州講易畢奉束諸君＞。

❾　《南雷詩歷》卷三「宋六陵」詩。

❿　《南雷文約》卷二「謝時符先生墓誌銘」。

⓫　同上。

⓬　同上。

⓭　《南雷文案》卷二＜與陳介眉庶常書＞。

⓮　王夫之《五十自定稿》「雜詩四首」。

⓯　《宋論》卷十四。

⓰　劉繼莊《廣陽雜記》卷二。

⑰ 《清華學報》第一卷第一期，民國十三年六月。

⑱ 《龔自珍全集》第九輯「常州高材篇」。

⑲ 《甌北集》卷十「後園居詩」。

⑳ 同上，卷二十一「歸田卽事」。

㉑ 同上，卷十八「十月朔日抵貴陽，聞官兵自滇入蜀，路經咸寧，余未及受代，卽赴寧料理過兵，途次雜咏」云：「天許遊縱徧八荒，一年輒易一殊方，滇雲粵嶠都行遍，又記郵籤到夜郎。（出守鎮安未一年赴滇從軍，在滇年餘回鎮安，甫九月調廣州，在廣州一年，今又入黔，每一年輒易一地也。）」

㉒ 參見拙著《趙翼傳》（時報出版公司，民國七十二年七月初版）第三章至第五章。

㉓ 蔣士銓寄趙翼詩云：「君本著作才，夙擅班揚技。」見《甌北集》卷十七。

㉔ 《甌北集》卷二十「壬辰冬仲，以廣州讞獄舊事，吏議左遷，特蒙溫旨，送部引見，聖恩高厚，蓋猶不忍廢棄，而衰親年已七十有五，書來望子甚殷，諭令早歸，一慰倚閭望，因呈乞開府圖公給假旋里，擬卽爲終養計，途中無事，感恩述懷，得詩十首。」

㉕ 同上，卷二十三「偶書」。

㉖ 同上，卷二十四「書懷」。

㉗ 同上，卷二十三「顧晴沙觀察由莊涼奉調入蜀辦軍需，旣蕆事，乞養歸里，以所著響泉詩集見貽，奉題二首。」

㉘ 同上，卷二十一「寒夜有懷」。

㉙ 同上，卷二十三「晚步村落」。

㉚ 同上，卷二十一「消夏絕句」。

㉛ 同上，卷二十二「夜坐」。

㉜ 錢大昕《潛研堂文集》卷二十六＜甌北集序＞。

㉝ 錢大昕＜廿二史考異序＞。

㉞　同上。

㉟　同上。

㊱　參見撰文＜頌清與刺清──趙甌北的徬徨＞（載於《國史釋論──陶希聖先生九秩榮慶祝壽論文集》，民國七十七年四月三十日出版）。

第二章　頌清與刺清

—— 趙甌北的徬徨

趙甌北（翼）是很標準的清乾嘉時代（乾隆元年至嘉慶二十五年，西元一七三六年至一八二〇年）的人，生於雍正五年（一七二七），卒於嘉慶十九年（一八一四），八十八年的歲月，在乾嘉時代渡過了七十九年。同時他也是一位很標準的清朝人，自其出生之年算，上距崇禎十七年（一六四四）明亡，已過了八十四年。自其死去之年算，則過了一百七十一年。因此看他不能像看清初顧亭林（炎武）或黃梨洲（宗羲）一樣。

甌北處乾嘉時代，受乾嘉時代衝擊，卻與時代不甚吻合：

乾嘉是考據學風極盛的時代，史學家崇尚博雅，醉心考據，耗畢生歲月於擘績補苴糾謬正譌之中。甌北則不趨時風，不逐潮流，飄然世外，自樹一幟。所著《廿二史劄記》，雖與並世史學家錢竹汀（大昕）的《廿二史考異》、王西莊（鳴盛）的《十七史商榷》齊名，性質則絕相殊異。《考異》、《商榷》以考史為目的，訂史實之譌，糾前賢之謬，離此而不敢有所馳騁，《劄記》則以釋史為任務，超越於孤立的繁瑣事實之上，以解釋歷史的發展。史學作品如《劄記》者出現於乾嘉時代，是出人意外的。

乾嘉時代，不論經學與史學，都十分缺乏經世致用的思想。甌北寫《劄記》則完全從經世致用的思想出發。觀其題「劄記」詩云：「一事無成兩鬢霜，聊憑閱史遣年光，敢從棋譜論新局，略仿醫經載

古方❶。」其載古方自為醫今病。若與其〈感事〉詩所云「笑把陳編按時事，層層棋譜在楸枰❷」合觀，適可證明甌北擬從棋譜論新局。《劄記》中往往就「古今風會之遞變，政事之屢更，有關於治亂興衰之故者❸」，作深入討論，尤其說明《劄記》一書為「儒者有體有用之學，可坐而言，可起而行❹。」舉世醉心於「辨黃初之偽年，收蘭臺之墜簡❺」，甌北則拳拳於經世致用。甌北與其時代，像是分處於兩極。

甌北的史學，係受乾嘉史學的衝激而起❻，他一方面奮力撰寫解釋性的歷史 (interpretative history)，一方面誠心推崇歷史考據學家錢竹汀、王西莊的史學成就❼。在思想上，「身無半畝憂天下，眼有千秋愧此生❽」之詩，是其寫照。但是有時他又低吟：「遭時承平，得優游林下，寢饋於文史以終老，書生之幸多矣❾。」甌北與時代的分合關係，促使他的矛盾心理形成，而往往徬徨無主。

出仕或隱退，是甌北的徬徨之一。既富有濃厚的經世致用思想，銳意於出仕，是很自然的。甌北在初期，無意於學術研究，惟以經論天下，康濟蒼生為己任。「出守粵徼，分臬黔南，從軍瘴癘之鄉，布化苗猺之域，盤根錯節，游刃有餘❿」，他也確曾將其經世之才牛刀小試了一番。可是當仕宦遭遇挫折的時候，隱退的思想，便如狂泉般湧現了：「老境逼來將白髮，宦途盡處是青山⓫」；「不能立勳業，及早奉身退，書有一卷傳，亦抵公卿貴⓬」；「既要作好官，又要作好詩，勢必難兩遂，去官攻文詞。僮僕怨其癖，親友笑其癡，且勿怨與笑，吾自有主持。一枝生花筆，滿懷鏤雪思，以此溷塵事，寧不枉用之？何如擁萬卷，日與古人期？好官自有人，豈必某在斯⓭？」其詩中流露的隱退思想，與其初入仕途時「庶幾致卿相，調元贊鈞衡，廣廈庇寒士，霖雨活蒼生⓮」的豪志相比較，不啻霄壤。而其在隱退之

時，仍不能完全忘情仕途，時思再出❸。「縱貪野笠非高士，　未忘朝簪爲聖君」，「身托循陔十載閒，　本期再出玷朝班」❻，　其徬徨無主，可見一斑了。

　　對清廷採取什麼樣的態度，應是甌北最大的徬徨了：

　　甌北是很標準的清朝人，對於清廷採取稱頌的態度，極爲自然，不足驚奇。其大著《廿二史劄記》中頌清的言論，比比而是。卷二十八「遼金之祖皆能先知」條是用兜圈子的方法，借起源於興安嶺東的契丹，歷代居住在松花江的女眞，來宣揚建州女眞人的清太祖努爾哈赤的神明，所謂「開天立極之君，天賚聰明，　自有不可思議者」；卷三十「元初用兵多有天助」條則多少影射元淸等外族的興起，出於天意，所謂「興王之運，山川效靈」；　卷二十六〈和議〉條強調「遼金元三朝，皆當勃興之運，天之所興，固非人力可爭」；　卷三十六〈明季遼左陣亡諸將之多〉條又進一步說：「如盧象昇、洪承疇，剿流賊最有功，而一遇大淸兵，非死卽被執。蓋興朝之運，　所向如摧枯拉朽。彼亡國之君，自必當之立碎。《明史》所謂天命有歸,莫之爲而爲者矣。」直認遼、金的統治北中國，元、淸的統治全中國，都是出於天意的安排；　卷二十「長安地氣」條更將其原理化，　認爲天地間有所謂地氣，地氣的盛衰，久則必變，而地氣變的關鍵，在唐的開元、天寶間，從此以後，長安地氣，由盛而衰，地氣逐漸從西北轉到東北去，　以致金有天下之半，　元明有天下之全，「至我朝不惟有天下之全，且又擴西北塞外數萬里，皆控制於東北，此王氣全結於東北之明證也。」附著於天命思想以出的頌淸言論，　確是甌北史學的一大污點。《劄記》中對《史記》以下諸史歧互、疏漏、附會、曲筆、廻護、錯謬等缺點，皆一一指出，毫不留情。對於《明史》，則一再稱頌❼，絕少批評❽。「近代諸史，自歐陽公《五代史》外，《遼史》

簡略，《宋史》繁蕪，《元史》草率，惟《金史》行文雅潔，敍事簡括，稍爲可觀，然未有如《明史》之完善者❿」；「《明史》立傳，多存大體，不參校他書，不知修史者斟酌之苦心也⓴」種種稱頌，盡歸於淸廷官修的《明史》，站在嚴格的史學立場來看，這是頗爲遺憾的。敏感到批評《明史》，可能罹禍，所以就避重就輕，只稱頌而不批評，其史學又焉能不蒙上一層陰影！

甌北在詩文中對於乾隆皇帝也時常稱頌，他與乾隆皇帝之間，也有一段似眞似假，若卽若離的感情。當乾隆二十六年（一七六一）甌北參加進士考試時，本來可以一甲第一人（狀元）及第，乾隆皇帝則將他與第三人王杰對調，同時對人說：「趙翼文自佳，而殊少福相⓶。」自此王杰青雲直上，甌北則僅位至四品。甌北心中自甚怏怏，乾隆皇帝也將他的名字深深記憶住了。以後甌北授鎭安府，赴滇從軍，調廣州，陞貴西道，無一非奉乾隆特旨。甌北詩文中時時稱頌乾隆，可以理解，至於甌北心裏想什麼，那就是另外的問題了。

從上面看起來，甌北是頌淸的，以致不少大陸學者大肆羅織甌北的罪狀⓷，不過，甌北並不是一味頌淸的，頌淸可能爲其手段，刺淸乃其眞精神所寄。《劄記》多談歷代的弊政及禍亂，如「武帝時刑罰之濫」、「西漢外戚之禍」、「東漢宦官」、「宦官之害民」、「宋齊多荒主」、「宋子孫屠戮之慘」、「後魏百官無祿」、「後魏刑殺太過」、「北齊宮闈之醜」、「唐女禍」、「武后之忍」、「唐代宦官之禍」、「中官出使及監軍之弊」、「唐節度使之禍」、「方鎭驕兵」、「間架除陌宮市五坊小使之病民」、「五代藩帥刻財之習」、「五代幕僚之禍」、「五代濫刑」、「魏博牙兵凡兩次誅戮」、「宋郊祀之費」、「宋祠祿之制」、「宋恩蔭之濫」、「宋冗官冗費」、「南宋取民無藝」、「宋軍律之弛」、「宋科場處分之輕」、「同文

館之獄」、「秦檜文字之獄」、「秦檜、史彌遠之攬權」、「大定中
亂民獨多」、「海陵荒淫」、「海陵兼齊文宣隋煬帝之惡」、「金末
種人被害之慘」、「元世祖嗜利黷武」、「元初諸將多掠人為私戶」、
「元杖罪以七為斷」、「明初文字之禍」、「明初文人多不仕」、
「胡藍之獄」、「明代選秀女之制」、「正德中諫南巡受杖百官」、
「明鄉官虐民之害」、「嘉靖中倭寇之亂」、「萬曆中礦稅之害」、
「萬曆中缺官不補」、「明代宦官」、「魏閹生祠」、「閹黨」、
「明末督撫誅戮之多」、「明代先後流賊」、「明祖用法最嚴」、「明
代宦官先後權勢」、「權奸黷賄」、「明代科場之弊」等條（僅舉較
著者），將歷代令人扼腕的弊政及傷心慘目的禍亂，皆和盤托出。甌
北如此做，是否寓有借古諷今的意味呢？這是耐人尋思的。「民之生
於是時，何不幸哉㉓！」「古來荒亂之君，何代蔑有㉔？」「上下交征
如此，何以立國哉㉕？」「一人有罪，害及無辜，秦漢以來，以此法
枉殺者不知凡幾㉖！」「古來無道之君，好殺者有石虎、苻生、齊明
帝、北齊文宣帝、金海陵煬王，其英主好殺者，有明太祖，然皆未有
如唐武后之忍者也㉗。」「士之生於是時者，縶手絆足，動觸羅網，
不知何以全生也㉘！」「民之生於是時者，不知何以為生也㉙！」「兵
火之餘，徧地塗炭，民之生於是時者，何以為生耶㉚？」甌北的愴涼
筆調，是發人深省的。《劄記》一再涉及歷史上的文字獄，顯係對清
廷的屢興文字獄，極端不滿。如「秦檜文字之禍」條云：「秦檜贊成和
議，自以為功，惟恐人議己，遂起文字之獄，以傾陷善類，因而附勢
干進之徒，承望風旨，但有一言一字，稍涉忌諱者，無不爭先告訐，
於是流毒遍天下。」「明初文字之禍」條則根據野史將明太祖以文字
疑誤殺人的殘酷事實，一一陳述。對於清以前的文字獄，如此戰慄，
必係震於清所屢興的文字獄而起。只是甌北絕不願文字獄發生在自己

頭上，所以僅作暗示，決不明指，這原是史學家旣可全身又傳信史的一種藝術。觀其〈纍臣〉詩云：「萬里纍臣遇赦歸，羨余早退免危機，當君旗鼓排衙日，卻笑癡人守釣磯❸❶。」可見其處境危機的一斑！

　　甌北曾根據「四庫全書」中的方略，刪繁取要，證以親身見聞，輯成《皇朝武功紀盛》一書。在未初印前，他曾密呈在京師任刑部侍郎的好友王述庵（昶）鑒定。其〈致述庵書〉云：「《皇朝武功紀盛》一本，係從四庫方略內摘敍者，恐或有關礙，故未刷印送人。特先密呈，乞爲鑒定。倘或可存，並乞賜序一篇❸❷。」這是一封無意發表的私人密函，最爲眞切，甌北深懼以文字得禍的眞情，賴以揭露無遺。因爲連根據官修方略寫成的書，都怕「有關礙」，其他自不言而喩了！當時王述庵的反應如何呢？已不可深知。可知者是他沒有寫序，寫序者是當時已優遊林下而以經學馳名的盧抱經（文弨）。

　　甌北極敏感❸❸，而且小心謹愼，凡遇到有關礙處，往往略示端倪，就含混過去。觀其〈金陵過前明故宮城〉詩云：「廣衢九軌接城闉，勝國遺規半未湮，流水不涮金粉氣，故宮已見採樵人。百年史册殘棋譜，一片江山浩刼塵。老去只貪娛景物，漸無閒淚爲沾巾❸❹。」再觀其「勇退」詩：「生長江南鬢已皤，也曾續學戒蹉跎，書生敢與人論福，老境惟期樂有窩。臅仕榮華辭最早，太平歲月享尤多，倘非勇退甘閑散，或恐亨衢有折磨❸❺。」兩相印證，可知他爲什麼要急流勇退了！

　　又《甌北集》卷三十六〈夜夢從軍，爲賊所執，不可不死，又不能遽自引決，瞿然而悟，汗已滿身，乃知生平此中未有定力也〉詩云：「噩夢無端破膽寒，兵氛闌入大槐安，平時每作千秋想，臨事方知一死難。名義重應甘白刃，頭顱痛又覬黃冠，醒來始覺吾生幸，生長昇平免據鞍。」承認自己沒有文天祥、史可法等臨事慷慨一死的勇

氣，於是就不能不用頌清來偷生了！

　　總之，甌北是在頌清與刺清之間徬徨。他的頌清，不是完全不可原諒，他畢竟是清朝人，不是現代人，也不是明末遺老。他的刺清，則表現出書生的本色。書生或所謂知識分子，不能不有時代感，應不時提醒時代，應不時規諫時代，所謂愛之深而責之切，刺時之論，於是出現。書生的令人尊敬，大半在此。甌北退居林泉，撰寫《廿二史劄記》，隱含刺清之意，已盡書生之責。「不能立勳業，及早奉身退，書有一卷傳，亦抵公卿貴。」傲公卿以外，似乎也隱含著無限傲清廷的豪氣。

註　釋

❶　《甌北集》卷四十一〈再題廿二史劄記〉。

❷　同上，卷三十六。

❸　趙翼〈廿二史劄記小引〉。

❹　錢大昕〈廿二史劄記序〉。

❺　李保泰〈廿二史劄記序〉。

❻　參見拙著：《趙翼傳》（時報出版公司，民國七十二年七月初版），頁二二四～二二七；其意亦見於序文頁三～五。

❼　見同上，頁二一〇～二一一。

❽　《甌北集》卷三十，〈六十自述〉。

❾　同❸。

❿　同❹。

⓫　《甌北集》卷二十一「歸田卽事」。

⓬　同上，卷二十三「偶書」。

⓭　同上，卷二十四「書懷」。

⓮　同上，卷二十三「偶書」。

⑮　詳拙著：《趙翼傳》，頁一三三～一三九。

⑯　《甌北集》卷二十七〈途次先寄京師諸故人〉。

⑰　如《簷曝雜記》卷六「王承恩」條，《陔餘叢考》卷十四「明史多附書」、「明史多載原文」、「大禮之議」、「明史行文典雅」等條，《廿二史劄記》中則卷三十一「明史」、「明史立傳多存大體」、「大禮之議」、「李福達之獄」、「袁崇煥之死」等條，都對《明史》稱頌有加。

⑱　《廿二史劄記》卷三十一「周延儒之入奸臣傳」、「劉基、廖永忠等傳」、「喬允升、劉之鳳二傳」等條，對《明史》的重複及周延儒不宜入奸臣傳，略作批評，然皆無關宏旨。

⑲　《廿二史劄記》卷三十一「明史」條。

⑳　同上，同卷，「明史立傳多存大體」條。

㉑　《甌北集》卷十「散館恭紀二首」之注及李調元《雨村詩話》卷一。

㉒　如蘭州大學歷史系的張孟倫在其〈趙翼廿二史劄記中為清政權服務的論點〉一文（收入張著《中國史學史論叢》，一九八〇年九月出版，蘭州大學歷史系）中，說趙翼做了清朝「政治戰線和思想戰線上的忠實服務者」，其著《廿二史劄記》是「為清政權說教麻痺廣大人民，向清政權獻策以鎮壓農民起義。」羊春秋等在《歷代論詩絕句選》（一九八一年出版，湖南）論及趙翼云：「他採取『頌聖』的手段，企圖達到免禍的目的。以致那些歌頌清代統治者鎮壓少數民族和農民暴動的詩歌，就成了他不可原諒的缺點和錯誤。」種種論調，都肯定了趙翼頌清的罪狀。

㉓　《劄記》卷三「武帝時刑罰之濫」條。

㉔　同上，卷十一「宋齊多荒主」條。

㉕　同上，卷十四「後魏百官無祿」條。

㉖　同上，同卷「後魏刑殺太過」條。

㉗　同上，卷十九「武后之忍」條。

㉘　同上，卷二十二「五代幕僚之禍」條。

㉙　同上，卷二十五「南宋取民無藝」條。

㉚　同上，卷三十「元初諸將多掠人爲私戶」條。

㉛　《甌北集》卷四十六。

㉜　趙翼致王昶親筆函，收入吳長瑛所輯《清代名人手札》甲集。

㉝　詳見拙著：《趙翼傳》頁二九五～二九七。

㉞　《甌北集》卷三十五。

㉟　同上，卷五十三。

第三章　關於《趙翼傳》的新資料

（一）《趙翼傳》的撰寫

　　我讀歷史，最初接觸的是趙翼的《廿二史劄記》，時間是在一九五一年的多天。以後陸續讀了他的《陔餘叢考》、《甌北詩話》及《甌北集》等作品。對於這位兼有詩才的史學家，我很有好奇的心理；對於他的敏銳的識見及多誤的天性，我也有莫名其所以然的感覺。於是二十多年以前，就興起爲他寫一部長傳的念頭。執筆撰寫，是從一九八一年八月起，差不多兩年的時間，教書以外，全部精神投入。當時我在香港大學任教，馮平山圖書館裏幾乎天天有我的影子。自久經塵埃所封的書叢中搜索，有驚喜的發現，疲勞卽消失。假期返臺灣，也多在圖書館裏消磨日子。趙翼的手迹、畫像以及其所生逢的乾嘉時代的文集、詩集、信札，是搜索的對象。我看到乾嘉時代的文集、詩集近兩百種，其中涉及趙翼者約百種上下。這些資料，能將趙翼放入乾嘉時代的洪流中，使他與時代息息相通。所遺憾者，有些與趙翼淵源很深的文人學者與政治人物，像劉綸、錢琦、王鳴盛、彭元瑞、陸錫熊、諸重光、邵齊熊、錢維喬、謝啓昆、秦瀛、蔣業晉、吳省欽、張問陶、董潮、祝德麟等，其作品或存歿已不可知，或分藏於世界各處，一時全部蒐讀，絕非易事。所以在一九八三年七月將《趙翼傳》付梓時，我旣未蒐到趙翼的畫像，也有很多該讀的文集、詩集

未讀，遺珠之憾，使《趙翼傳》留下頗大的缺陷。

（二）藏於美國的新資料

　　一九八六年夏天，我去美國遨遊，在哈佛大學燕京學社圖書館裏，有極為豐碩的收穫。我看到了謝啓昆的《樹經堂文集》❶、彭元瑞的《恩餘堂輯稿》❷、陸錫熊的《篁村集》❸、《寶奎堂集》❹、蔣業晉的《立厓詩鈔》❺、吳省欽的《白華後稿》❻、張問陶的《船山詩鈔》❼、《船山詩草補遺》❽、董潮的《紅豆詩人集》❾、祝德麟的《悅親樓集》❿，尚鎔的《持雅堂文集》⓫，這是在臺灣、香港極難看到的詩文集，一旦得之，眞有美不勝收的感覺。我自其中輯出與趙翼有關的資料。《悅親樓集》中涉及的最多，因為作者祝德麟是趙翼最得意的學生，其恩師的心情、思想及著述情況，他寫得最眞切，最詳盡。如卷三「送房師趙甌北先生出守鎮安一百韻」，就比李調元所寫的「送編修趙雲松（翼）出守鎮安」⓬、吳省欽所寫的「甌北耘崧圖送趙雲松前輩（名翼、字甌北）出守鎮安」⓭、程晉芳所寫的「送趙甌北前輩之任鎮安」⓮，眞切而詳盡多了。卷二十九「甌北先生七十壽詩三篇」，稱頌而不失眞實，亦極難得。拙著《趙翼傳》未能採用此等資料，眞是莫大的遺憾。另外《持雅堂文集》中的「三家別傳」，對於趙翼所以致富，提供了可靠的消息。趙翼早年極貧，晚年極富，「饑窮食不給，飄蕩學且廢」⓯，是他早年的貧象；「十萬黃金詩一萬」⓰，是他晚年的富境。其所以出現如此兩極的現象，引起很多猜測。根據他自己的解釋，是由於賣文之錢，潤筆之資⓱；根據其同里好友洪亮吉的解釋，則由於他在揚州作書院講席時，弟子中不乏有經濟眼光的商賈，以致熟知天下利市，而將資金作了靈

活的運用⑱。不過，這些理由，都不是很充分。賣文的收入，怎能到十萬巨富呢？其靈活運用在商場上的資金，又從何處而來呢？尚鎔在〈三家別傳〉中這樣說：「其守鎮安也，曾從征緬甸，經略傅恆用其計有功。及李侍堯征臺灣賊，邀之入幕，事平餽金數千。翼本機警，善治生，由此家大起。」這項資料，爲趙翼能有資金在商場上靈活運用提供了消息。趙翼節儉，又善治生產，其自設湛貽堂印書局，刻印《甌北集》、《甌北詩鈔》、《陔餘叢考》、《廿二史劄記》、《甌北詩話》等自己的作品，由於其晚年享盛名，銷售量很大，收入也頗可觀⑲，於是其富便爲一般人所豔羨了。「努力可望猗頓兼陶朱，我言如虛我受誣」⑳，其好友的遊戲詩，也有其相當眞實性了。〈三家別傳〉中又謂趙翼「日以哦詩爲事，初交蔣士銓于京師，極重其詩。里居後與袁枚交最密，遂自稱爲袁蔣趙三家，枚喜而和之，於是三家之名震天下。」這對袁（枚）、蔣（士銓）、趙三家詩的盛行，提供了耐人尋味的消息。近人錢鍾書在《談藝錄》中說：「三家之說，乃隨園一人搗鬼，甌北尚將計就計，以爲標榜之資。……心餘則無隻字及此㉑。」若依尚鎔之說，搗鬼者可能是趙翼，而袁枚將計就計。以趙翼的「智計如鴟夷」㉒，「機警過人」㉓，是可能玩出這種把戲來的。

（三）藏於中國大陸的新資料

一九八七年十一月底，香港大學中文系好友單周堯兄告訴我，常州市業餘收藏協會將於十二月四日至六日，假常州市文化館舉行趙翼手迹、著作展覽會。我聞訊之後，立卽用最快速度，辦妥手續，於十二月三日偕內子孫雅明自香港直飛上海，同日坐火車抵常州。去國四十年，第一次踏上國土，心中的感覺，非常複雜。不是爲蒐集趙翼的

資料，我絕不願踏上在共黨蹂躪下的國土。作為一個歷史工作者，有時是要犧牲的。

常州是清乾嘉以後的學術盛地，心儀已久，第一次到此，處處有新鮮感。趙翼的五世孫趙爭先生與熱心研究趙翼的李金堂先生（任教南京教育學院歷史系）在展覽會場相迎。展出的手迹、著作，看後卻很失望。著作部分，連湛貽堂原刻本《甌北全集》都沒出現，不用說其他世人看不到的作品了。手迹部分，所展出的楹聯，「致侄孫趙懷玉函」、「哭蔣士銓詩」、「題徐霞客游記」，都是影印本，見於拙著《趙翼傳》上。不過，非常珍貴的，是赫然出現趙翼參加乾隆二十六年（一七六一）恩科會試時的殿試卷影印本（附後）。趙翼的這份試卷，本來是應以第一甲第一名及第的，可是乾隆皇帝卻以地區的原因，將第三名的王杰與他對調，於是籍屬陝西的王杰，由於該地區從未出過狀元，而破例躍居狀元之位，趙翼則祇好屈居第三名的探花了❷！這件事為趙翼帶來了聲名❷，也使他一生鬱鬱不樂。不意這份試卷，再現世間，這是否有天意？據云辛亥革命以後，趙翼後裔趙雲浦於北京琉璃廠古玩店發現這份試卷，便買下來，珍藏多年。大陸逆轉後，上海成立文管會，趙雲浦將這份試卷捐給上海市博物館❷，以致世人可以共覽。自其形式與內容而言，形式十分完美，趙翼從不曾用過的歐陽率更體很工整的呈現（當時主考官是軍機大臣劉統勳與劉綸，二人極不欲出自軍機處的趙翼考中狀元，二人又皆識趙翼楷書時習用的石庵體，以致趙翼改用歐陽率更體，避過二劉的法眼）；內容方面，可稱是辭藻淵懿，識見卓越的燕許大文章，士子在科場秉筆時的用心以及朝廷徵求政治人才的誠意，皆灼然可見。如對及「文體未盡醇，士習多浮尚，而欲司事者之共襄公慎」云：

「夫文之淳漓，習之躁靜，固非盡司文柄者所能轉移而變
化。士子急於自進，務為速化之術，故文詞多淺薄而不
淳，又妄希營進之方，故習氣亦浮動而不靜。唐順之有言，
富貴功利之習，糊人心目，如處部屋中，所見皆部也，
部外更不見一物矣。如此則安肯以儲嶨學術，砥鑢名行為
務哉？至於司文柄者之所以轉移變化，則亦有不得諉其責
者。無論開汲引之路，博宏獎之名，固足以啓奔競而壞士
習，即使屏干謁，絕請託，而決擇不精，仍使魚目得以混
珠，碔砆得以冒玉，則人亦競以剪綵刻楮之技嘗試之，而
文體無自而端。」

又如對及「以服勤尚儉為民生風俗之原，而期司牧者之開源節流」云：

「生齒日繁，而物力有限，固不能有贏無絀。然男可耕，
女可織，有一人之手足，即足給一人之口腹，患在游手多
而生財之源隘，服食侈而耗財之途寬。昔賈誼謂一夫耕
之，十人食之，甚非所以致治安之策。則游閒無藉之徒，
當驅之使歸本業也。歸有光謂吳民美衣鮮食，競相慕效，
稍不如人，則以為恥，其俗安得不貧？則靡麗相尚之習，
當禁之使崇節嗇也。夫積習既成，而一旦欲使無業者盡歸
農，好侈者盡返樸，誠不免迂遠而闊於事情，然此亦在良
有司之化導之耳。昔之人，有躬耕以為民勸，循行阡陌
間，見禾稼美則喜，民謂其不喜聲伎，但喜嘉禾，爭相勸
效，不數年遂成富庶者。亦有定民之嫁娶燕會，一切裁之
以法，使不得過，而民遂以啓實者。夫誠司牧者能實心董

> 率，俾共勤夫于耜舉趾之業，而相勉於山樞蟋蟀之風，夫
> 何慮豐歉不齊，動煩補直學畫，而使商賈得以頓積居奇，
> 吏胥得以掾買牟利哉？」

其謂「士子急於自進，務爲速化之術」，「又妄希營進之方」，可
作今日士子的描述，其謂「游閒無藉之徒，當驅之使歸本業」，「靡麗
相尚之習，當禁之使崇節嗇」，又寄望司牧者實心董率，則是治國的
大本，施之百世而皆準。時人稱趙翼有經世之才，具冠古之識[27]，從
這篇殿試文章，可以看出。清以前科舉考試的最後一關殿試，其積極
目的，在求能實際推行經世濟民之術的人才，也昭然若揭。衡諸當今
最高學位獲得者，幾不知經國濟民之事爲何物，最高學術機構掌持
者，全視國家安危生民休戚若無物，則誠令人興今昔之感矣!

常州之行，能看到趙翼的殿試卷，深感意外，也在失望中感到滿
足。展覽的照片部分，有趙翼前北岸故居及無錫馬山墓地，皆是實
蹟，其造像則不足取。造像本來是不眞的。「鼻以上畫有光，鼻以下
畫大姊，以二子肖母」[28]，這樣的造像，還勉強可以。趙家的後人，
怎能於一兩百年後，爲其祖宗造像呢？觀其造像的偉岸，與其「頷尖
面小似猿」[29]，「自顧癯如鶴，人疑瘦爲蛙」[30]，且常被比成鬼[31]的
眞像，太不像一個人了!

作爲趙翼五世孫的趙爭先生（名語言學家趙元任先生爲六世孫），
對於蒐集其五世祖的資料，不遺餘力。他曾在一九八四年趙翼逝世一
百七十年的前夕，委託香港中文學會，在香港多家報紙，刊載徵集有
關趙翼、趙元任文物資料的啓事，效果雖不理想（自展覽會展出者可
見），其熱忱是可見的。一九八四年五月，在武進縣橫林趙家塘發現
了《西蓋趙氏族譜》，係光緒十二年（一八八六年）修訂，全譜十二

册，系統記載了趙家的歷史淵源，分支繁衍，世代遷徙等情況，並附
有家規、故迹、風俗、文藝等史料，前面載有翁同龢、費淳等的序文
❸ 。 我沒有看到這份族譜， 趙爭先生寄給我其中〈甌北公祖父母敕
命〉、〈甌北公父母敕命誥命〉、〈甌北公誥命〉部分，彌覺珍貴。

（四）當代學者的新研究

當代學者對於趙翼的新研究，其重要者如下：

1.王樹民的《廿二史劄記校證》

一九八四 年 一 月北京中華書局出版了王樹民的《 廿二史劄記校
證》， 這是當代趙翼研究的重要新作品 。 王氏推崇《 廿二史劄記 》
（以下簡稱劄記）「 史法與史實並重 」 ❸，亦對其「多具體性謬誤」
❸，嚴厲批評。他就嘉慶初年的湛貽堂刻本，與光緒二十六年 （一九
○○年）廣州廣雅書局刻本 （以下簡稱廣雅本）及光緒二十八年 （一
九○二年）湖南新化西畬山館刻本 （以下簡稱西畬本）互校，擇善而
從，並採用李慈銘、沈家本、陳垣、馮家昇等前人校正成果，共計寫
成校證及以符號刪補者一千一百三十餘條，這是很豐碩的收穫。能有
此種收穫， 由於採用了廣雅本及西畬本兩種善本。湛貽堂本雖爲原刻
而校勘欠精，廣雅本與西畬本不僅多作文字校正，於內容疏略之處，
亦間爲校補，尤以西畬本補正者最多。校書當得善本，於此得一具體
例證。

王氏校證與拙著《趙翼傳》的問世，相差僅半年 （一在一九八四
年一月、一在一九八三年七月），海峽兩岸遙隔，彼此不可能互通意
見， 而所見多相合。 王氏說趙翼「 粗率疏濶 」 ❸，我說他「不是一

位謹嚴的史學家」❸；王氏相信趙翼是《劄記》的作者❸，我用頗長的篇幅，辨明《劄記》的作者爲趙翼無疑❸。學術研究，有時候是可以相當客觀的。所遺憾者，我用《劄記》所引廿二史原文，與《劄記》之文相對照，凡得《劄記》錯誤三百九十九條，彙爲一編，名曰「廿二史劄記考證」，於一九五七年二月載於《新亞學報》第二卷第二期，王氏校證，未能採納，終是缺陷。

2.胡懷肎的《趙翼詩選》與王建生的《趙甌北研究》

一九八五年二月中州古籍出版社出版的《趙翼詩選》，選者爲胡懷肎，他從趙翼五千多首詩中，選出二百零九首，並爲之作箋注，這是一項創舉。年代從《甌北集》，詩體及詩的字句從《甌北詩鈔》，尤見高明。因爲後者是在前者的基礎上經過刪改而成的，其中大部分的詩都較原詩爲好。胡氏能察及這一點，足證非泛泛之輩。

胡氏對趙翼詩的瞭解，相當深刻。他在「前言」中指出，「以歷史爲題材的咏史詩在趙翼的詩作中，占有很顯著地位，他的咏史詩涉及的內容極爲廣泛，對許多歷史人物、歷史事件提出了自己的看法。」「對一些著名的歷史人物，趙翼往往能提出與衆不同的見解，這些見解有時十分精闢。」「對時俗、時政的不滿或嘲諷，這是趙翼詩集中較有價值的一部分詩歌。」「趙翼晚年的詩歌創作，很注意反映災荒年月人民所受的苦難。」種種所見，皆有創意。至於說「乾嘉時期，趙翼與袁枚、蔣士銓合稱『江右三大家』，排列次序一般是『袁蔣趙』，但他的詩歌總的看來比蔣士銓的強，某些方面還要比袁枚略勝一籌，至少是旗鼓相當」，這似是發前人所未發了。

一九八八年七月臺北學生書局出版了王建生的《趙甌北研究》，這是很花工夫的一部書，對於趙翼詩徵引最多，評論最具體；就省籍

遍舉趙翼的交遊，尤爲難得。其缺陷則在於剪裁不精，失之過繁。如
言及李白，則先抄正史李白本傳；言及絕句詩，則先用頗長篇幅，泛
論絕句詩；言及史學環境，則一一介紹王鳴盛、錢大昕、洪亮吉、章
學誠的史學，皆覺冗贅。

3. 一般討論文章

一九八四年六月十日至十二日，在常州曾有一個紀念趙翼逝世一
百七十周年的學術座談會，參加者近七十人，學術論文提出了十二篇
❸，約二十餘萬言。我蒐到其中的幾篇，如吳澤、胡逢祥的〈趙翼學
術成就述評〉，朱政惠的〈論趙翼廿二史劄記〉，趙平（趙翼六世
孫）的〈趙甌北詩作和論詩的創新精神〉，趙和（趙翼六世孫）的
〈趙翼論漢后少黃金〉皆是，其內容則覺平淡，而且流於溢美。

此外我也看到近幾年發表於刊物上討論趙翼文學與史學的文章多
篇，如黃兆強發表的〈綜論趙翼確爲『廿二史劄記』及『陔餘叢考』
之作者〉❹，即是佳作。細目恕不一一列舉。

4. 拙著《趙翼傳》的迴響

拙著《趙翼傳》自問世後，得到的反應，大出我自己的意外。出
版後不到一年，系列出版者時報出版公司歷年來十本暢銷書之一❶，
同時進入七十二年度十本「最具影響力的書」的行列❷。一九八五年
二月又倖獲中華民國第十屆國家文藝獎（傳記文學類）。前輩學者及
後起俊彥的撰文衡評，尤其使我受寵若驚，惶悚不已。據我所看到
的評文，有楊聯陞先生的〈可謂甌北功臣 —— 讀杜維運『趙翼傳』有
感〉❸，馮鵬江先生的〈平心論斷追收約，快意詩篇至陸蘇 —— 略談
杜維運教授的『趙翼傳』〉❹，杜聿新先生的〈杜維運之『趙翼傳』

讀後〉❹，徐雪霞小姐的〈評介杜著『趙翼傳』〉❹，王明蓀先生的
〈一編文苑定難拘──訪談『趙翼傳』的作者杜維運先生〉❹，朱仲
玉先生的〈評杜維運著『趙翼傳』〉❹，王基倫先生的〈評介杜維運
先生的『趙翼傳』──兼談長傳的寫作要領〉❹，謝正光先生的〈從
『趙翼傳』的立論說到趙甌北在詩壇上的地位〉❺，共計八篇。這八
篇評文的作者，散居美國、臺灣、香港及中國大陸，而且有數位是與
我素昧生平的。他們對拙著有稱譽，有抨彈。其稱譽處，視作鼓勵；
其抨彈處，願以「有則改之，無則加勉」的態度，欣然接受，以作他
日改寫時的參考。

在此深值一提的，是楊聯陞先生的評論，楊先生是眾所周知的馳
譽國際學壇的前輩學者，尤其以寫書評見長，他又是趙翼六世孫趙元
任的學生，趙翼七世孫趙如蘭的老師，以致對拙著最感興趣。他一方
面謬評拙著為成功之作，一方面提出修正的意見。如其中一段說：

> 「南宋以來，儒士治生，已非所禁。朱晦菴說陸家(九淵)
> 亦有店肆(不記原文)，但生財要有節制，指其門限以示
> 弟子。甌北先生似乎也能遵從此命。雖對食色之樂，隨緣
> 接受，似無過奢之事。遺產如何，尚未及考。若以所見吾
> 師趙元任先生之懿行博學，君子之澤，五世而未斬。先生
> 天才高超(胡適先生說元任才華高過他)，學問精深，不
> 計名利。他的長女如蘭教授曾屈為我的弟子，音樂史的造
> 詣已是第一流，却能謙謙君子，誠摯接人。次女以下三人
> 分治化學物理，各有成就。誠如張隆延賀壽詩中所說，『隋
> 珠嬌女分傳業』。」

這是瞭解趙翼其人的一種新方法。

　　數年以來，與楊先生書信不絕，內容所涉及者，大牛於關於趙翼傳的問題。一九八六年夏天，他親筆寫趙翼論詩名句送我，其詩爲「李杜詩篇萬口傳，至今已覺不新鮮，江山代有才人出，各領風騷五百年」，並題詞於後曰：「維運兄《趙翼傳》功力深厚，可稱趙氏功臣，甚堪推重，因錄甌北論詩句存念。」殷殷之意，感人至深，謹附於後。

（五）結　語

　　歷史有待不斷的重寫。時代變了，觀念不同了，歷史須與之呼應。任何歷史免不了有一個「現在」存在。歷史資料的紛紜龐雜，無窮無盡，尤其使歷史與時翻新不已。歷史資料是殘缺的，卻又紛紜龐雜，梳理有序，而盡見其眞義，不是一代史學家所能勝任，歷史資料是零星的，卻又無窮無盡，其散於天壤間，史學家使出渾身解數，「上窮碧落下黃泉」，也無法將其悉數網羅。新資料出，由舊資料支持所寫出的歷史，不是被修正，就是遭推翻。歷史的不確定性如此，歷史的活潑生命如此。珍貴的學術，捨歷史其何屬？

　　在我研究趙翼的初期，所看到的資料有限。到寫完《趙翼傳》時，感覺資料蒐集已夠豐富，一時頗爲自滿。可是六、七年的光景，新資料又出現不少。希望新資料累積到相當程度時，再寫一本《趙翼新傳》。

註　釋

❶　謝啓昆，《樹經堂文集》，嘉慶刻本。

❷　彭元瑞，《恩餘堂輯稿》，道光丁亥刻本。

❸ 陸錫熊，《篁村集》，道光己酉重刻。

❹ 陸錫熊，《寶奎堂集》，道光己酉重刻。

❺ 蔣業晉，《立厓詩鈔》，嘉慶巳未刻，交翠堂版。

❻ 吳省欽，《白華後稿》，石經堂藏板，嘉慶十五年刻。

❼ 張問陶，《船山詩草》，嘉慶己亥刻本，較同治甲戌重刻本爲佳。

❽ 張問陶，《船山詩草補遺》，道光己酉刻本。

❾ 董潮，《紅豆詩人集》，道光己亥刻本。

❿ 祝德麟，《悅親樓集》，嘉慶二年刻本。

⓫ 尙鎔，《持雅堂文集》，同治七年刻本。

⓬ 《童山詩集》卷八。

⓭ 《白華前稿》卷三十七。

⓮ 《勉行堂詩集》卷十八。

⓯ 《甌北集》卷四「五哀詩」。

⓰ 洪亮吉，《更生齋詩續集》卷一「題趙兵備翼秋山晚景長卷」。

⓱ 詳見拙著《趙翼傳》（時報出版公司，民國七十二年七月初版）頁二六
〇～二六一。

⓲ 同上。

⓳ 同上。

⓴ 《更生齋詩續集》卷一「前題趙兵備行卷，有十萬黃金詩一萬之句，兵
備復枉詩相嘲，爰戲答一篇」。

㉑ 錢鍾書，《談藝錄》，頁一六二。

㉒ 吳省欽，白華後稿＜甌北集序＞，亦載於《甌北集》前。

㉓ 王昶，《湖海詩傳》，卷二十四「趙翼」。

㉔ 詳見拙著《趙翼傳》頁五一～五四。

㉕ 見同上，亦見趙爭＜趙甌北生平瑣記＞，載於大陸名《翠苑》的一種刊
物。

㉖ 見趙爭＜趙甌北及其著作＞一文，一九七九年四月廿五日油印本。

㉗　李保泰＜廿二史劄記序＞。

㉘　歸有光＜先妣事略＞。

㉙　李調元，《雨村詩話》，卷一。

㉚　《甌北集》卷二十「守風日久，盤餐不給，詩以解悶」。

㉛　《甌北集》卷四十四「戲題魁星像」云：「老夫顏狀縱不美，何至被人
　　儌作鬼！」

㉜　見一九八四年五月二十日常州日報，消息由趙爭、趙平提供。

㉝　王樹民，＜廿二史劄記校證前言＞。

㉞　同上。

㉟　同上。

㊱　見拙著《趙翼傳》頁二三七。

㊲　王樹民在＜『廿二史劄記校證』前言＞中辨論之。

㊳　拙著《趙翼傳》頁二〇三～二〇八。

㊴　據《常州日報》載，係由江蘇省社聯、省歷史學會常州市社聯、文聯、
　　歷史學會等單位發起。

㊵　《東吳文史學報》第八號，中華民國七十九年三月出版。

㊶　名列第六，見《新書月刊》第八期，民國七十三年五月出版。

㊷　名列第九，見《新書月刊》第四期，民國七十三年元月出版。

㊸　《中國時報》副刊「人間」，一九八三年十二月二十日。

㊹　《華僑日報》「人文雙周刊」，一九八三年十二月。

㊺　《中華雜誌》總二四九期，一九八四年四月。

㊻　《鵝湖月刊》，一九八四年九月號。

㊼　《新書月刊》第二十一期，一九八五年六月。

㊽　《中國史研究》，一九八五年第三期。

㊾　《幼獅月刊》第三九八期，一九八六年二月。

㊿　《明報月刊》第二四〇期，一九八六年七月號。

第四章　評《萬斯同年譜》

書　　名:《萬斯同年譜》

著　　者:陳訓慈、方祖猷

出　版　處:香港中文大學出版社

出版時間:一九九一年

一九七六年與黃進興先生合編《中國史學史論文選集》的時候,選入了陳訓慈先生的〈清代浙東之史學〉一文。我們認為訓慈先生的這篇文章,其議論文采,猶在喜言浙東史學的何炳松之上。不過,當時有一種感覺,該文發表在《史學雜誌》第二卷第六期,時間是一九三〇年十二月,歷時已四十六年,訓慈先生可能已不在人間了。一九八九年六、七月間,宋晞先生交給我兩封信,一封是任教寧波大學的方祖猷先生來的,另一封赫然是訓慈先生來的,洋洋灑灑近千言,真是喜出望外,如獲球璧。宋先生是訓慈先生的子婿,他告我「岳父已八十九歲,猶身體健康,著述不輟,現與祖猷先生合著《萬斯同年譜》。」二人來信,目的是為要我三十三年前發表在《中國學術史論集》上的〈萬季野之史學〉一文。他們在大陸上找不到,所以輾轉蒐求。剎那間,我完全認識到浙東史學蒐求文獻的精神了!冥蒐博羅,露纂雪鈔,不啻飢渴之於甘美,全祖望蒐求文獻的實況,再現於今日。誰說中國史學傳統,已斷絕於今日呢!

提起我那篇〈萬季野之史學〉,是倉猝寫成之作,很不徹底。一直想重寫,惜未如願。一九八四年(民國七十三年,為求一致,全文

皆用西元，出於不得已，請讀者願諒。）八月編輯《淸代史學與史家》時，未將其收入，冀免貽笑大方。現在訓慈、祖猷兩先生殷殷相求，我躊躇很久，結果是寫了一封婉謝的信。敝帚自珍，不得已如此。歉然之情，則歷久不已!

一九九一年，訓慈、祖猷兩先生合著的《萬斯同年譜》（以下簡稱《萬譜》）問世，洋洋二十餘萬言,拙文〈萬季野之史學〉仍被蒐到，部分文字，採入其中，益佩其蒐求文獻的不厭反復。所遺憾者，訓慈先生未及看到該譜問世，即溘然長逝。宋晞先生相告，訓慈先生生前寄望我能爲該譜寫一篇書評。大雅相期之情、感人至深。欣然奮筆，榮幸莫名。

《萬譜》共分六大部分：

一　世傳、傳略

二　童年、靑少年與參加文會時期（一六三八～一六六六）

三　參加證人書院及授徒時期（一六六七～一六七八）

四　京師修史時期（上）（一六七九～一六八九）

五　京師修史時期（下）（一六九〇～一七〇二）

六　譜後

譜前有〈陳序〉、〈方序〉、〈萬氏世系表〉，〈譜後〉之後，列參考書目以外，又附了祖猷先生的〈季野著作考〉。萬斯同畫像及其手稿、墓石影跡，皆列於前端。

綜觀《萬譜》，有很多優點，謹言其大者：

1.網羅資料宏富

《萬譜》採用了萬斯同的著作十八種，萬氏家族的著作十三種，正史四種，明人著作二種，淸人著作八十四種，近人著作三十三種，

宗譜、年譜、年表、傳記二十六種，方志十六種，報刊雜誌二十五種，共二百二十一種，網羅的資料，可稱宏富。其中有很多是極爲難得的資料，如萬斯同的《講經口授》、《兩浙名賢錄》，萬承勳的《冰雪集》，萬達甫的《萬氏永思紀略》，黃宗羲的《留書》，董道權的《缶堂學詩》，王簡可的《陸辛齋先生年譜》，仇兆鰲的《尚友堂自編年譜》，以及《康熙寧波府志》，都是罕見的手抄本，或藏於寧波伏跗室，或藏於寧波天一閣，或藏於北京圖書館，非風塵僕僕走訪，難以擷其精華。訓慈先生自民國初年即注意萬斯同其人及其學（見〈陳序〉），自一九八一年起，與祖猷先生通力合作，廣蒐資料，以致成此鉅製。訓慈先生是慈溪人，祖猷先生是寧波人（見《萬譜》作者介紹，訓慈先生來信則云：「方年少於我，係鄞人，我原籍慈谿，今歸餘姚。」按鄞爲寧波府首邑。）浙東史學重視文獻的傳統，至此而再現。

　　資料的蒐集，是無窮無盡的，以盡心力而無憾。誠如祖猷先生在序文中所說：「萬斯同資料散見於清初文集中很多，難以蒐集完整。」這是很懇切的話。清初的文集以至詩集，散於天壤間，難以網羅齊全，即一一網羅，也很難將萬斯同的資料，自其中毫無遺漏的爬梳出來。訓慈、祖猷兩先生已盡到心力，這是最令人欽佩的。

2.纂要鈎玄精當

　　年譜屬於編年史的一體，將史事放置於固定的時間之下。與史事相關的資料，於是畢集。惟年譜不是資料的彙編，所聚集的資料，祇是簡單的綱目，其詳不能全部托出。其緊要處與精華處，又須呈現，於是就有待做一番「纂要鈎玄」的工夫了。纂要鈎玄，最見史學家的本領，關係史書的優劣。《萬譜》在這方面的表現，相當成功。如方

苞〈萬季野墓表〉一文，雖錯誤叢出，然萬斯同極精闢的一套考史寫
史方法論，靠此文而傳。《萬譜》於是將其精華處，一一鈎出（見頁
一八八～一八九）。

> 「史之難為久矣，非事信而言文，其傳不顯。」
> 「實錄者，直載其事與言，而無可增飾者也。因其世以考其
> 事，覈其言，而平心以察之，則其人之本末，可八九得矣。然
> 言之發或有所由，事之端或有所起，而其流或有所激，則非他
> 書不能具也。凡實錄之難詳者，吾以他書證之。他書之証且濫
> 者，吾以所得於實錄者裁之。雖不能具謂可信，而是非之枉於
> 人者蓋鮮矣。」

在今日這仍然是極為精闢的考史寫史方法論，萬斯同口述，方苞親
記，《萬譜》再廣為宣揚。再如斯同以布衣參史局二十年，其苦衷曾
與其好友劉坊徹夜長談，劉坊在〈萬季野先生行狀〉中詳言，《萬
譜》儘量將其存留（頁一九九～二〇〇）。「二十年間，隱忍史局，棄
妻子兄弟不顧」之句，迄今讀之，仍令人有無限悲涼之感！阮葵生
《茶餘客話》卷九〈萬斯同修明史〉一文云：

> 「初修明史之時，徐東海延萬季野至京師主其事。時萬老矣，
> 兩目盡廢，而胸中羅全史，信口衍說，貫串成章。時錢亮工尚
> 未達，亦東海門下士，才思敏捷，受而籍之。錢晝則徵逐朋
> 友，夕則晉接津要，夜半始歸室中。季野踞高足床上坐，錢
> 就炕几前執筆，隨問隨答，如瓶瀉水。錢據紙疾書，筆不停
> 綴，十行並下，而其間受托請移袞鉞，乘機損益點竄諸史官之

傳、記，略無罅漏。史稿之成，雖經史官數十人之手，而萬與
錢實尸之。噫，萬以煢煢一老，繫國史絕續之寄，洵非偶然。
錢雖宵人，而其才亦詎可少哉！」

這是萬斯同與錢名世（即錢亮工）合作寫明史的一段佳話，不能略
去，《萬譜》盡採之（頁一八四），而其「時萬老矣，兩目盡廢」之
誤，則辨之於下（頁一八五），這又可見作者的細心處。

　　纂要鉤玄，難免主觀，雖是心術純正的學者，有時也會犯上斷章
取義的毛病。讀者如想利用《萬譜》的資料，再檢原書，仍然是需要
的。

3.譜主生命增長

　　《萬譜》不僅寫萬斯同一生的歷史，同時上從其三世祖萬國珍
（一三二二～一三七二）寫起（其一世祖、二世祖僅列名而已），那
是在明的初年，距離斯同之生，三百餘年。又〈譜後〉部分，寫至斯
同卒後二八七年之一九八九年。從六十五歲的一生，擴至六百餘歲的
一生，譜主的生命，無限期增長了。這是近人寫年譜所創的一種新
例。「循近人作譜通則，就季野身後有關譜主之要事、著作之印布，
及研究季野之述作，有所見聞者，皆循年月述為〈譜後〉，以備參
證。」（〈陳序〉）訓慈先生在序文中已作了交代。「〈譜後〉篇幅
較長，似有反客為主之嫌，不盡合乎年譜體例。」（〈方序〉）祖猷先
生已警覺到〈譜後〉的過長。不過，詳寫譜主身後悠長的歷史，對於
作者來講，負擔是極為沉重的；對於瞭解譜主對後世所發生的影響及
其在歷史潮流中所處的地位，是最有幫助的。訓慈、祖猷兩先生辛勤
地將斯同身後二八七年的歷史寫出來，真是一件很大的功勞。從雍、

乾間全祖望寫〈萬貞文先生傳〉，乾嘉時期錢大昕寫〈萬先生斯同傳〉，章學誠寫〈浙東學術〉篇，到晚清、民初李慈銘、劉師培、章炳麟、梁啓超諸人作品中所論及斯同者，可清楚看出萬斯同在歷史中所扮演的角色。「由源及流」，永遠是史學家所要追蹤的。「在〈譜後〉部分，對後人研究譜主所爭執的問題，皆按年編次，以使讀者得出其來龍去脈，有助於對萬氏思想的深入研究。」（《萬譜》後封面介紹文字）我想，這還是次要的。

以上應是《萬譜》最值得稱道處。有一個感想，願陳於後，請祖猷先生參考：

年譜是中國史學的特產。歷史人物，關係歷史的轉變，其本身亦因時間的不同，而變幻不已。將與人物相關的史事與資料，按時間先後排列下來，是最能瞭解人物一生的轉變的。於是年譜應運而興。年譜也是長傳的基礎。長傳以分析與描繪人物的性格 （character）爲首務，然須從時間上看其變化，具有時間色彩的年譜資料，於是適承其乏。盛行寫長傳數千年的西方，沒有年譜與之並行，其基礎的虛浮可知。因此深感長於寫年譜的中國史學家，應取法西方，兼寫長傳（不是近人所極喜歡寫的評傳，傳記而流於評傳，是一條末路）。將關係歷史轉變的人物，從具有時間色彩的資料中活現出來。史學上的盛事，孰大於此！萬斯同是一位關係學術轉變的人物，《萬譜》網羅資料宏富，清初至近代文獻中與斯同相關的資料，大致皆爬梳出來，將這些資料靈活運用，斯同將不再靜寂，而活躍在歷史洪流中。不知祖猷先生肯嘗試否？

清代浙東史學家，最傑出者，應爲黃宗羲、萬斯同、邵廷采、全祖望、邵晉涵、章學誠六位。其中斯同可能文采較弱（他自己承認，所以他很想與文采好的如方苞其人者，合作寫明史），可是他是學問

最淵博的一位，其師黃宗羲每以「書廚」稱之；他也是最傾力寫明史的一位，「弱妻病子，啼號破屋」（鄭梁《寒村詩文選》卷一〈送萬季野之京序〉），而仍隱忍史局二十年，古今來有幾人能如此！他又有學者之風，心地光明磊落，交游滿天下，浙東學術的傳遞，他最具關鍵性。劉師培於〈全祖望傳〉（發表於《國粹學報》第十一期，署名劉光漢，即劉師培）云：「浙東學派，承南雷黃氏之傳，雜治經史百家，不復執一廢百。鄞縣萬氏承之，學益昌大。若祖望之學，殆亦由萬氏而私淑南雷者歟？」由此可見斯同在浙東學術承傳所佔地位的重要了。爲他寫長傳，是必要的。

最後願對訓慈先生，略表懷念之意：

訓慈先生的來信中，稱美拙著《清代史學與史家》「鈎稽俱有斷裁，立論至爲平正」，自爲獎掖之辭。然其建言，則中肯殷切：「先生之論，一以章實齋浙東學術篇爲綱，而以章邵承之，分別成文，可云內容美富，折衷至當。惟收入此書者，有章實齋而尙缺邵二雲，此猶可緩圖，而有全祖望而無〈萬季野之史學〉，於全書似爲缺憾。」拙著的大毛病，經訓慈先生一語道破，而措辭委婉誠懇，令人感佩無旣。去年（一九九一年）參加中國文化大學舉辦的「第二屆國際華學研究會議」，我寫了一篇〈萬斯同之史學〉。今後也必會寫一篇〈邵晉涵之史學〉，藉答訓慈先生的雅意。

第五章　評《廿二史劄記校證》

　　《廿二史劄記校證》，清趙翼著，王樹民校證。北京：中華書局，1984年1月第1版。前言6頁，小引1頁，目錄16頁，正文 884頁，附錄5頁，分上下兩冊。

　　馳名乾嘉詩壇的趙翼（一七二七～一八一四），由於晚年寫了一部史學鉅著《廿二史劄記》，而躋身史學名家之林。《廿二史劄記》（以下簡稱《劄記》）的優點，在於能自大處解釋歷史，超越於孤立的繁瑣事實之上以觀察。缺點則在於不夠謹嚴，錯誤叢出，頗多學者指出其失。王樹民先生的這部《廿二史劄記校證》（以下簡稱《校證》），是校正《劄記》錯誤的出色作品，可稱趙氏功臣。

　　樹民先生以嘉慶初年的湛貽堂刻本，與光緒二十六年（一九○○）廣州廣雅書局刻本（以下簡稱廣雅本）及光緒二十八年（一九○二）湖南新化西畬山館刻本（以下簡稱西畬本）互校，擇善而從，並採用李慈銘、沈家本、陳垣、馮家昇等前人的校正成果，寫成校證及以符號刪補者共一千一百三十餘條，這是很豐碩的收穫。能有此種收穫，是由於採用了廣雅本及西畬本兩種善本。湛貽堂本雖為原刻，而校勘欠精，廣雅及西畬二本不僅多作文字校正，於內容疏略之處，亦間為校補，西畬本補正尤多。校書當得善本，於此得一具體例證。

　　維遷於一九五一年至一九五三年之間，曾以《劄記》所引廿二史原文，與《劄記》之文相對照，得《劄記》錯誤凡三九九條，彙為一編，名曰〈廿二史劄記考證〉（以下簡稱〈考證〉），發表於香港《新亞

學報》第二卷第二期，時間是一九五七年二月。

　　一九八一年至一九八三年之間，維運又傾力寫了一本約三十萬言的《趙翼傳》，付梓時間是一九八三年七月，距離樹民先生《校證》的問世，約早半年。海峽兩岸遙隔，學術研究如參商不相見，而關鍵性的問題，所見每相合。如樹民先生說趙翼「精率疏闊，多具體性謬誤」❶，我說他「不是一位謹嚴的史學家」❷；樹民先生相信趙翼是《劄記》的作者❸，我用頗長的篇幅，辨明《劄記》的作者爲趙翼無疑❹。學術研究，有時候是可以相當客觀的。所遺憾者，我在一九五七年發表於香港的〈考證〉一文，《校證》未能網羅而斟酌採用，未免美中不足。《劄記》之誤，多在引書，有時由於未細稽原文而誤，有時由於刪節原文不愼而誤，有時由於照原文鈔錄不愼而誤，有時由於望文生義未嘗參稽原文而誤❺。〈考證〉一文，所找出的三九九條錯誤，都是這方面的錯誤。〈考證〉所指出的錯誤，《校證》亦指出者共81條（這是我的初步統計，《校證》多半根據西爺本校出錯誤，對原書而發現錯誤者較少），其餘三一八條未能納入後出的《校證》之中，站在學術的立場，不能說不是一種缺陷。

註　釋

❶　見本書前言。

❷　見拙著《趙翼傳》（時報出版公司）頁二三七。

❸　見本書前言。

❹　見《趙翼傳》頁二〇三～二〇八。

❺　詳見拙文〈廿二史劄記考證釋例〉，載於《幼獅學誌》第一卷第一期，1958年10月。

附　　錄

趙翼參加乾隆二十六年恩科會試殿試卷

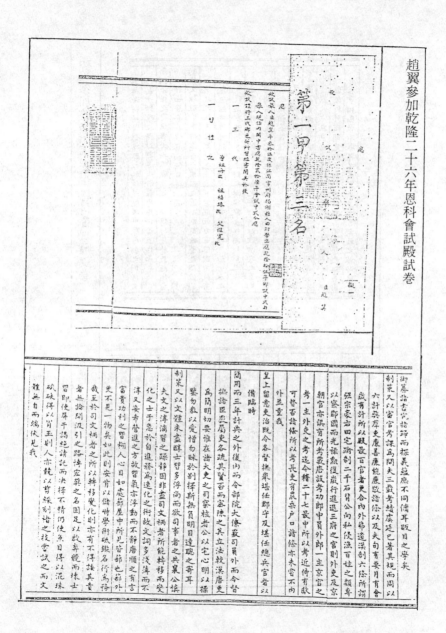

趙翼參加乾隆二十六年恩科會試殿試卷

皇上每遇科場務期別淆藪以杜倖進近又申嚴慶勤之例俾文
義一歸雅正所以期多士於積學勵行者至切而
苟派諧臣之司試事又無不風厲之以公明行見誓氣紀衝室
精士皆奮自淬磨而科目得人矣
剔柰又以服勤尚儉為民生風俗之原而期司牧者之開源節
流此光裕民之至計也生齒日繁而物力有限固不能有
瓶無絀然熙熙而游手多而生財之源隨服食之侈而耗財之途寬則
昔賈誼謂一夫耕之十人食之甚非所以致治安之策則
游閒與惰之徒富區之使歸本業也歸本業者光謂耒民芟衣
群食競相蔡效精不如一人則以為趾其似安伴不貨則虛
麗相尚之習富柰之使崇節奢也夫奢習既成而一旦欲
使無業者盡歸農好傷奢者盡趨儉不免迁遠而迫於享
請然此尖在良有司之化導之耳昔之人有邦耕以為民
勤儉行阡陌間見禾稼美則喜民謂其不事聲侹但吾嘉
禾單相勸效不毅年遂成富庶者亦有定民之嫁聚熙合

敦柰嗜學之盛意也夫易有四尚則所謂尚辭尚象
尚其家尚其古也則所謂眈與孔風維頌也奇
有古今則伕生所投者今文文安國所傳者古文也誼
經曲諸家之說不同或式儀禮為經載氣記為曲然儀禮中
未害無拜跪周旋之家節而戴記中未嘗無卻記大繁之
為經威儀三千為曲禮乃萬章耳春秋三傳則左氏詳於敘
鴻儀則圖未可強區別惟未于以中周所胡禮儀三百
事公羊穀梁注於說理又有說理之裕之家如
安國之註尚書孔氏之註理又各有派別也諸說竅氣如孔
註而於詩則又尚者毛萇之註詩皆曰傳鄭康成注諸經曰
如歆梁傳之類別又曰箋何休之於公羊范案所注疏
其真名之曰疏者貴公房之於周禮儀禮之立學官則於漢
遠之於諸經總言之則皆疏也則以言之則皆註之立學官則始於漢
孝武之於詩經博士之設以次遞增為石經則唐時勒諸
國子學其校諸字體又可與張參五經文字並考者也
方令正學光昌如日中天我
皇上於易詩春秋三禮諸書皆出

啟我慕辦刊市所以嘉恵朱學耆至熙則士欲自起為通經
學古之儒亦惟有藩習乎

趙翼參加乾隆二十六年恩科會試殿試卷

臣對臣聞帝王建一中之極操萬化之原持使經學昌明
吏治醇茂士登揭言戶庭孟寧以馴致夫清和咸理之休
怙熙鄭隆之治則所以……訪溫理之者必出之以真實
無妄之心而息之以從行無息之力而後精神之所貫
注風葬之所鼓溢於上而萬物熙成於下以其實
行則正學與以敕官方則庶政理以勵科名重農業則人
才出而物力豐當其廚屬之遠而
皇機所勳贊天下已為其鼓辭而不自知及夫久道化成
之俊政治風俗既已潛移默持而天下皆漠然不識其所
自唐虞三代之隆所由士敕學殖莫勉循良社路齋清食
貨克年無不由此道也到頌有言聖王之為治執要而已
然則王者所以細綸摩動宰剖百為運化稅清圓治肯肝
欲使在學校者經術深厚民社者治行超卓登明逸公
而仕進端者固已詳且悉乃綴
聖不自聖安求益朱安進臣等於
從茲之臣吾生恩見當霞盈測宣足以知大計然免易茅之
吉銘綠所不原而煙探芹之就難迂而無當朱所以自
勉其安牧之忱也佻不因
皇帝陛下紹熙前寧客慈勤穀康東至聖之資建非常之業所
而振興文教淤叙官聯樂有多士而廣其童任於鄒北民
以謀真實裕者固已詳且悉乃載欽惟

臣對臣聞……

一切煩之以法使不得過而民逸以誌賢者夫脫司牧者
能貴心意非傑保共勤夫下捐梁証此於山揾揚
坤之風夫何慮豐敢不勤朝期益學畫而使尚肯行以
頓績居奇更得亨以採貢利哉臣凡此皆經綸極於萬端
臣貴周於四海而總持我
皇上以真實无妄之心徒行無息之力提挈而綜理之何見於經
學丕振而聖道大光吏治悲修而化理日上科目得明體
達用之士農桑致含哺鼓腹之休我
國家篤年有道之民雜致蕃於此矣臣草茅新進固識忌詳千胷
宸嚴不勝戰悚隕越之至臣謹對

河鱼天雁多消息

维适先生教授大鉴：常在港台刊物中（及大陆「史学动态」期刊的介

绍）见到　尊著美於清代史学之论文，不胜佩慕。近见北京中华书局

翻印的中有大作「清代史学与史学家」一书，收论文十二篇，始知台湾

先出此书，窃居有大陆之重印，审订编排，狭，尚有序，有好传间王颂蔚

三大儒以下论「赵翼之史学」皆尽览诸先儒之著述，钩贯供有断

裁，立论至为平正，弥用钦倒！不早年之「清代浙东之史学」不成熟之

旧作，以承奖友，当时搞述浅尝，本不足道，尤其以章氏檢论曾以定海

黄氏父子之治礼书，似承浙东遗风，竟特二黄叙入未尝实列定海之学，

显为考证学派为近，似宜另述。暮年荒芜，未有改作。近来杭甬学

（一）

河立天后多消息

者蔡辞黄宗羲全集（编成未印全）又曾左甬上举行二次浙东学术

讨论会，先生之论一以事实密浙东学术尚为纲，而以事即次之，分别成

文，可云内容美富，折衷至当，惜收入此书者，有事实密尚缺邻之

此犹可缓图而有全祖坐而安，萬季野之史学，於全出他为缺憾，予近与

同乡友人才祖献究通讯，（方年大柞成，停郑人我原籍态路今归余姚言）回

明自以属宁波地区故）知右某一案引書中到有大作「万季野之史学」一文见

台版「中國學術史論文集」芽二期刘此文主「清代史学」书辑成时省已撰

就始物有待補改故未辑入，今方君其意函向 先生请益，说明「学術史論

文集」大陸见不到寫眛以吾二人合撰「万斯同年谱」已缮成稿，并附有「谱后

秋瑜 用笺

（二）

河立天雄多消息

資料兹記季野故後，有關万氏研究之論著，欲收入先生此一論文与其他此方

面之論著。大著卷首作者簡介中云：台端原為台灣大學歷史系教授，

現作香港大學中文系教授。无論在台或在港，晉二人共此聲氣之求，頗自附於

交末。中國文化大學歷史教授朱晞是弟在戰時湘大任教時之同學馬子

墥現函托其附寄此信与方函于　先生，不等已記朱君　即若　先生已發帳于

港大，则诿他在台灣之大圖書館查借「學術史論文集」第二期之大作「万季野」

一篇，代為複印一份寄杭。万一在台查借不得，敢烦立港將　尊著「万季野之史

望一文複印，是否可烦速寄「寧波」波大學中國文化研究中心方祖猷收，以

收　諒　用　笺

（三）

河魚天雁多消息

免宋轄轉政寄，其印費列由宋教授或林蔚教授代付，祖籋勿言有未

畫，故多函贅述。妙齡學術為公，志求為樂，在此盛倡文化交流之秋，諄縈

鑒助而不以為瀆也。祇頌

教綏

弟 陳 ？慈 謹啟 ？月 ？日

救 諒 用 箋

（四）

自然科學類

異時空裡的知識追求
　　——科學史與科學哲學論文集　　　　　　傅大為　著

社會科學類

中國古代游藝史
　　—— 樂舞百戲與社會生活之研究　　　　　李建民　著
憲法論叢　　　　　　　　　　　　　　　　　鄭彥棻　著
憲法論衡　　　　　　　　　　　　　　　　　荊知仁　著
國家論　　　　　　　　　　　　　　　　　　薩孟武　譯
中國歷代政治得失　　　　　　　　　　　　　錢　穆　著
先秦政治思想史　　　　　梁啟超原著、賈馥茗　標點
當代中國與民主　　　　　　　　　　　　　　周陽山　著
釣魚政治學　　　　　　　　　　　　　　　　鄭赤琰　著
政治與文化　　　　　　　　　　　　　　　　吳俊才　譯
中國現代軍事史　　　　　劉　馥著、梅寅生　著
世界局勢與中國文化　　　　　　　　　　　　錢　穆　著
海峽兩岸社會之比較　　　　　　　　　　　　蔡文輝　著
印度文化十八篇　　　　　　　　　　　　　　糜文開　譯
美國的公民教育　　　　　　　　　　　　　　陳光輝　著
美國社會與美國華僑　　　　　　　　　　　　蔡文輝　著
文化與教育　　　　　　　　　　　　　　　　錢　穆　著
開放社會的教育　　　　　　　　　　　　　　葉學志　著
經營力的時代　　　　　青野豐作著、白龍芽　譯
大眾傳播的挑戰　　　　　　　　　　　　　　石永貴　著
傳播研究補白　　　　　　　　　　　　　　　彭家發　著
「時代」的經驗　　　　　汪琪、彭家發　著
書法心理學　　　　　　　　　　　　　　　　高尚仁　著
清代科舉　　　　　　　　　　　　　　　　　劉兆璸　著
排外與中國政治　　　　　　　　　　　　　　廖光生　著
中國文化路向問題的新檢討　　　　　　　　　勞思光　著
立足臺灣，關懷大陸　　　　　　　　　　　　韋政通　著
開放的多元化社會　　　　　　　　　　　　　楊國樞　著
臺灣人口與社會發展　　　　　　　　　　　　李文朗　著
日本社會的結構　　　　　福武直原著、王世雄　譯

— 4 —

書名	作者	
中國聲韻學	潘重規、陳紹棠	著
詩經研讀指導	裴普賢	著
莊子及其文學	黃錦鋐	著
離騷九歌九章淺釋	繆天華	著
陶淵明評論	李辰冬	編著
鍾嶸詩歌美學	羅立乾	著
杜甫作品繫年	李辰冬	編著
唐宋詩詞選——詩選之部	巴壺天	著
唐宋詩詞選——詞選之部	巴壺天	著
清眞詞研究	王支洪	著
苕華詞與人間詞話述評	王宗樂	著
元曲六大家	應裕康、王忠林	著
四說論叢	羅盤	著
紅樓夢的文學價值	羅德湛	著
紅樓夢與中華文化	周汝昌	著
紅樓夢研究	王關仕	著
中國文學論叢	錢穆	著
牛李黨爭與唐代文學	傅錫壬	著
迦陵談詩二集	葉嘉瑩	著
西洋兒童文學史	葉詠琍	著
一九八四	Georgf Orwell原著、劉紹銘	譯著
文學原理	趙滋蕃	著
文學新論	李辰冬	著
分析文學	陳啓佑	著
解讀現代、後現代 　——文化空間與生活空間的思索	葉維廉	著
中西文學關係研究	王潤華	著
魯迅小說新論	王潤華	著
比較文學的墾拓在臺灣	古添洪、陳慧樺	主編
從比較神話到文學	古添洪、陳慧樺	主編
神話即文學	陳炳良	等譯
現代文學評論	亞菁	著
現代散文新風貌	楊昌年	著
現代散文欣賞	鄭明娳	著
實用文纂	姜超嶽	著
增訂江皋集	吳俊升	著

孟武自選文集	薩孟武	著
藍天白雲集	梁容若	著
野草詞	韋瀚章	著
野草詞總集	韋瀚章	著
李韶歌詞集	李韶	著
石頭的研究	戴天	著
留不住的航渡	葉維廉	著
三十年詩	葉維廉	著
寫作是藝術	張秀亞	著
讀書與生活	張秀亞	著
文開隨筆	糜文開	著
印度文學歷代名著選(上)(下)	糜文開	編
城市筆記	也斯	著
歐羅巴的蘆笛	葉維廉	著
移向成熟的年齡──1987～1992詩	葉維廉	著
一個中國的海	葉維廉	著
尋索：藝術與人生	葉維廉	著
山外有山	李英豪	著
知識之劍	陳鼎環	著
還鄉夢的幻滅	賴景瑚	著
葫蘆·再見	鄭明娳	著
大地之歌	大地詩社	編
往日旋律	幼柏	著
鼓瑟集	幼柏	著
耕心散文集	耕心	著
女兵自傳	謝冰瑩	著
抗戰日記	謝冰瑩	著
給青年朋友的信(上)(下)	謝冰瑩	著
冰瑩書柬	謝冰瑩	著
我在日本	謝冰瑩	著
大漢心聲	張起鈞	著
人生小語(一)～(四)	何秀煌	著
記憶裏有一個小窗	何秀煌	著
回首叫雲飛起	羊令野	著
康莊有待	向陽	著
湍流偶拾	繆天華	著